4주 완성
기적의 스피킹 훈련

위즈덤하우스

영어로 내 생각 말하기

초판1쇄 발행 2012년 8월 10일
초판3쇄 발행 2012년 9월 20일

지은이 Soo Kim, Anna Choi, Greg Park
펴낸이 연준혁

편집 1팀
책임편집 임명진
제작 이재승

펴낸곳 (주)위즈덤하우스 | 출판등록 2000년 5월 23일 제13-1071호
주소 경기도 고양시 일산동구 장항동 846번지 센트럴프라자 6층
전화 031)936-4000   팩스 031)903-3891
홈페이지 www.wisdomhouse.co.kr
종이 월드페이퍼 | 인쇄·제본 (주)영신사 | 후가공 이지앤비

값 13,000원   ISBN 978-89-6086-553-2 [13740]

* 잘못된 책은 바꿔드립니다.
* 이 책의 전부 또는 일부 내용을 재사용하려면
  사전에 저작권자와 (주)위즈덤하우스의 동의를 받아야 합니다.

국립중앙도서관 출판시도서목록(CIP)

영어로 내생각 말하기: 4주 완성 기적의 스피킹 훈련 / 지은이: Soo Kim, Anna Choi, Greg Park
— 고양 : 위즈덤하우스, 2012   p. ;   cm

ISBN 978-89-6086-553-2 13740 : ₩13000

영어회화[英語會話]

747.5-KDC5
428-DDC21   CIP 2012003341

영어 커뮤니케이션 능력, 우리의 현 주소는?

바야흐로 영어 말하기 전성시대이다. 2012년 국가영어능력평가시험인 NEAT가 실시되고 2016년에는 이 시험이 대입 수능의 영어 과목을 대체하게 되었다. NEAT는 기존의 듣기, 읽기 위주의 시험에서 말하기, 쓰기의 비중이 대폭 강화된 실질적인 의사소통(Communication) 능력을 측정하는 시험이다. 이제 더 이상 영어는 객관식 시험문항 속에서만 존재하는 것이 아니라 실제 내 생각을 말과 글로 표현해야 하는 진정한 의사소통의 수단이 된 것이다.

한국의 영어교육 관련 지출액은 연간 7조원으로 세계 최고 수준이다. 한국의 학생들만큼 영어를 열심히 공부하는 학생들도 드물 것이다. 그렇다면 한국인의 영어 현주소는 어떠한가? 한국인의 영어 읽기는 세계 157개국 중 35위라고 한다. 영어에 쏟아 붓는 열정과 시간에 비하면 다소 실망스러운 결과가 아닐 수 없다. 하지만 실망하기에는 아직 이르다. 영어 말하기는 무려 121위로 우간다, 소말리아, 르완다보다도 낮은 세계 최하위 수준이라는 충격적인 결과가 기다리고 있기 때문이다.

Speaking이 안 되는 게 정말 '영어 탓'일까?

영어를 못하는 이유를 물어보면 대부분 '영어 실력이 부족해서'라는 대답이 돌아온다. 하지만 한번 생각해보자. 한국인이 영어를 못하는 이유가 단순히 영어 차원의 문제일까? 우리가 한국말로 대화할 때 말을 못하거나 말문이 막히는 이유는 한국어를 몰라서는 아닐 것이다. 오히려 화제에 대해 평소 생각해본 적이 없거나 관련 지식이 부족하거나 아니면 상대방과의 공통 관심사가 없다는 것이 더 근본적인 이유일 것이다. 즉 화제와 컨텐츠가 부족하기 때문에 말을 못하는 것이다.

그런데 유독 영어 말하기에 있어서만은 그 원인을 전부 영어실력 탓으로만 돌려버린다. 물론 영어의 기초도 갖춰져 있지 않은 상태에서 유창한 영어 말하기가 가능하다는 것은 아니다. 하지만 실제로 학원이나 토스트마스터즈 클럽을 통해 우리가 만나본 학생, 직장인들은 바로 '내 생각을 영어를 이용해 논리적으로 전달하는 방법'을 모르고 있는 경우가 더 많았다. 직장인이라면 중학교 3년, 고등학교 3년 최소 6년 이상, 요즘 학생들이라면 초등학교, 유치원에서부터 영어를 공부하기 때문에 10년 이상 영어에 노출되어 있으며 말하기에 필요한 최소한의 문법, 기초 어휘 정도는 이미 갖추고 있다. 그런데도 영어 말하기가 안 되는 탓을 계속 영어 탓으로만 돌려야 할까?

이제 영어로 내 생각을 한번 말해보자!

더 이상 '영어실력 쌓기'에만 올인하지 말자. 이제 '내 생각을 영어로 표현하기'에 관심을 가져야 할 때가 왔다. 여러분이 영어로 말하는 것이 어려운 이유는 ① 생각하는 능력, ② 그 생각을 정리하는 능력, ③ 그 생각을 정리해서 표현하는 능력을 충분히 갖추지 못했기 때문이다.

《영어로 내 생각 말하기》는 여러분이 영어로 생각하고 그 생각을 정리하고 표현하는 능력을 갖출 수 있도록 도와주는 책이다. 이 책에는 세계적인 비영리 스피치 단체인 토스트마스터즈 클럽(Toastmasters Club)에서 활약 중인 세 명의 필자들이 경험으로 체득한 살아 있는 영어 말하기 비법들이 담겨 있다. 영어 말하기 4가지 공식과 주요 표현, 그리고 필자들이 개발한 '4단계 영어 말하기 훈련법'으로 다양한 주제의 영어 말하기에 도전해보면서 여러분은 곧 우리말처럼 자연스럽게 영어로 생각을 정리하고 자신 있게 표현하는 자신을 만나게 될 것이다. 영어로 내 생각 말하기, 여러분도 할 수 있다!

Soo Kim, Anna Choi, Greg Park

About

토스트마스터즈 클럽 Toastmasters Club

Toastmaster란 원래 '회의진행자' 혹은 '연사'라는 뜻으로, 대중 앞에서의 스피킹Public Speaking을 통해 조직내 커뮤니케이션 증진과 개인의 리더십을 키운다는 모토를 가진 비영리 교육 단체이다. 1924년 미국 캘리포니아 산타아나 YMCA에서 처음 시작된 비영리 단체로서 현재 세계 116개국에서 13,000개 클럽이 활동 중이며 회원 수는 27만 명에 달한다. 국내에는 현재까지 40여개 클럽이 있으며 여의도 토스트마스터즈를 비롯하여 서울, 대전, 부산 등에서 활동하고 있다.

토스트마스터즈 클럽은 대중 앞에서의 스피킹 능력을 배양하여 국제사회의 리더를 키워내는 데 초점을 맞추고 있다. 클럽은 일대일 강의가 아니라 한 사람이 연설을 하면 참여자들이 부족한 점을 지적하는 방법으로 진행된다.

커뮤니케이션은 이제 조직에서 리더가 가져야 할 가장 중요한 능력 중 하나이다. 토스트마스터즈 클럽에서는 다양한 역할을 통해 회원의 리더십과 커뮤니케이션 능력을 향상시키며 조직 내 진정한 리더로 성장할 수 있도록 돕고 있다.

참조: http://www.toastmasters.org

이 책의 구성 및 활용법

기본기부터 탄탄하게! Part 1 Ready

Part 1은 여러분이 영어로 내 생각을 말하기 위해 필요한 기본기를 정리해주는 파트이다.

1 영어 말하기의 뼈대 이해하기

상대방이 여러분의 이야기를 듣고 "그래서? 뭐 어쩌라고?"라는 반응이 나온다면 이는 여러분이 말할 내용에 대한 정리가 안 되어있기 때문이다. 1장에서는 영어 말하기가 어떤 구조와 순서로 이뤄지는지 뼈대를 살펴보면서 말할 내용을 조리 있고 체계적으로 전달하는 방법을 배워본다.

2 머릿속에 영어 말하기 공식 장착하기

수학 공식처럼 영어 말하기에도 공식이 있다. 2장에는 영어 말하기에 쓰이는 4가지 영어 말하기 공식(원인-결과, 문제해결, 찬성반대, 서브토픽 공식)이 정리되어 있다. 질문이나 말하려는 주제에 적절한 공식을 선택하면 된다. 여러분의 영어 말하기를 조리 있고 논리적으로 바꿔줄 4가지 공식을 머릿속에 장착하자.

3 영어로 말할 때 자주 쓰는 표현 익히기

3장에서는 말을 처음 시작할 때, 끝낼 때, 의견을 강조하고 싶을 때, 다른 사람의 의견에 반대하고 싶을 때 등 상황에 맞는 다양한 표현들이 정리되어 있다. 이때 표현들을 눈으로만 보고 넘어가지 말고 반드시 입으로 따라하고 손으로 쓰면서 익히자. 언어는 '머리 + 손 + 입'을 모두 사용해서 익혀야 빨리 내 것이 된다.

이제 한번 말해볼까? Part 2 Let's Speak

Part 2는 앞에서 배운 기본기를 바탕으로 실제 영어로 내 생각을 말하는 연습을 해보는 파트이다. 한 달 동안 4단계 총 27가지 주제의 영어 말하기 훈련을 통해 언제 어떤 상황에서도 논리적이고 자신 있는 영어 말하기가 가능해진다.

Part 2는 Day별로 총 27일, 4단계 훈련으로 구성되어 있다. 매일 하루 30분이라도 꾸준히 영어 말하기 연습을 해보자.

Step 1 Brainstorming (예상 소요시간 5분)
주제와 관련 있는 키워드 떠올리기

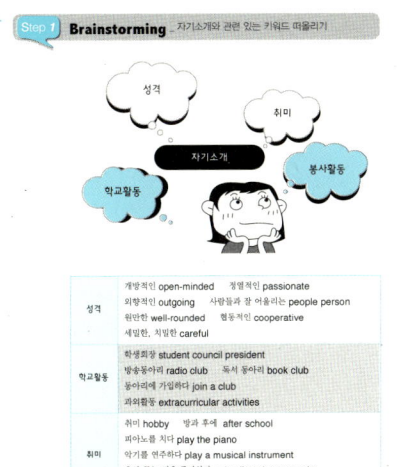

Step 2 Pattern (예상 소요시간 2분)
어떤 공식으로 말할지 결정하기

Step 3 Point (예상 소요시간 8분)
강조하고 싶은 핵심 포인트 정리하기

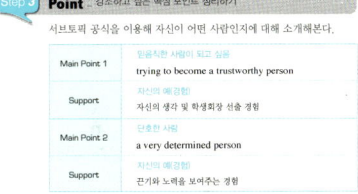

Step 4 Outline (예상 소요시간 15분)
핵심 포인트에 살을 붙여 스크립트 완성하기

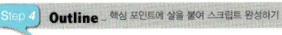

CONTENTS

PART 1　Ready
영어로 내 생각 말하기 기초 훈련

1. **Structure** 말하기의 기본 뼈대 만들기　| 14
2. **Speaking Patterns** 영어 말하기 4가지 공식　| 36
3. **Useful Expressions** 영어 말하기 주요 표현　| 44

PART 2　Let's Speak
영어로 내 생각 말하기 실천 다이어리

1. **Self Introduction** 나에 대해 말하기　| 56

   Day 01　자기소개하기　| 57
   Please introduce yourself.

   Day 02　장점과 단점　| 63
   What are your strengths and weaknesses?

   Day 03　지원동기　| 69
   Why did you apply to our high school?

Day 04 꿈/장래희망 | 75
What is your dream?

Day 05 나의 경쟁력 | 81
Why should we accept you?

2 Daily Conversation 일상적인 대화 | 88

Day 06 안부 인사 | 89
How have you been?

Day 07 음식 추천 | 95
What kind of foods would you recommend for foreigners?

Day 08 장소 추천 | 101
What places do you recommend foreigners to visit?

Day 09 방학/휴가 | 107
What are your vacation plans?

Day 10 좋아하는 연예인/노래 | 113
Who is your favorite singer?

Day 11 존경하는 선생님 | 119
Who is your favorite teacher at school?

Day 12 영화/책/뮤지컬 | 125
What is the best movie you have ever seen?

Day 13 몸매/건강관리 | 131
How do you keep in good shape?

Day 14 존경하는 사람 | 137
Who has influenced you the most?

Day 15 가장 친한 친구 | 143
Who is your best friend?

Day 16 좋아하는 스포츠 | 149
What kind of sports do you like?

Day 17 스트레스 해소 | 155
How do you manage stress?

3 Discussion/Debate & Presentation
사회적 이슈에 대한 내 의견 말하기 | 162

Day 18 성형수술 | 163
What do you think about plastic surgery?

Day 19 수준별 수업 | 171
What do you think about dividing classes based on achievement level?

Day 20 의무적 봉사활동 | 179
What do you think about compulsory volunteering?

Day 21 유명인의 사생활 노출 | 187
Should the private lives of celebrities be revealed?

Day 22 대학 진학의 필요성 | 195
Do you think university is essential?

Day 23 인터넷 실명제 | 203
What do you think about the Internet real-name system?

Day 24 환경 문제 | 211
What can you do to make a greener planet?

Day 25 고령화 사회 | 217
What problems does an aging society face?

Day 26 명품 선호 | 223
What do you think about the problems with Koreans' excessive brand-consciousness?

Day 27 저출산 | 229
What are the causes and effects of low birth rates in Korea?

Part 1은 여러분이 영어로 내 생각을 말하기 위해 필요한 기본기를 정리해주는 파트이다. 생각을 조리 있고 체계적으로 정리하여 영어로 자연스럽게 전달하는 법을 기초부터 튼튼하게 배워보자.

1   **Structure** 말하기의 기본 뼈대 만들기
2   **Speaking Patterns** 영어 말하기 4가지 공식
3   **Useful Expressions** 영어 말하기 주요 표현

Ready

영어로 내 생각 말하기
기초 훈련

1 Structure
_ 말하기의 기본 뼈대 만들기

1. Structure 말하기의 기본 뼈대 만들기
2. **Speaking Patterns** 영어 말하기 4가지 공식
3. **Useful Expressions** 영어 말하기 주요 표현

영어로 말하기 위해 필요한 것들

1. 지식 – 아는 것이 힘!

일상에서 친구들과 대화할 때 우리는 그 시기에 가장 이슈가 되는 주제를 가지고 가벼운 수다를 떨기도 하고 자신이 동의하지 않는 내용에 대해서는 설전을 벌이기도 한다. 그런데 이럴 때 어떤 이야기를 하더라도 말을 참 잘 하는 친구들이 있다. 그리고 그런 친구들에게는 한 가지 공통적인 특징이 있다. 바로 '아는 것이 많아 보인다'는 것이다. 글을 잘 쓰거나 말을 잘한다는 것은 표현하는 능력과도 연관이 있겠지만, 그보다 먼저 머릿속에 얼마나 많은 지식이 들어있느냐에 달려 있다고 할 수 있다.

그러면 지식은 어떻게 얻을 수 있을까? 여러분은 이미 답을 알고 있을 것이다. 그렇다. 바로 독서이다! 평소 책을 가까이 하면서 지식을 차곡차곡 채워야 한다. 그리고 신문을 읽고 뉴스를 챙겨보는 습관도 들여야 한다. 덧붙여, 우리 주변에서 일어나는 이슈들을 무심코 넘기지 말고 관심 있는 주제부터 이리저리 관점을 달리하여 생각해봐야 한다. 이러한 과정을 거쳐 지식과 생각이 어느 정도 풍부해졌을 때 비로소 머리와 입이 지식이라는 끈으로 연결되는 것이다. 말을 잘하고 싶다면 여러분은 많이 읽고 많이 생각하는 습관과 훈련을 쌓아야 한다.

좀 더 구체적인 훈련법을 알려 달라고? 우선 신문을 읽을 때 관심 있는 기사 등을 정리한 다음 내용을 요약하여 말해보자. 이때 관련 내용을 하나도 모르는 친구에게 이야기한다 생각하고 어떤 표현과 전개방법으로 설명하는 것이 효과적일지 고려하여 말해야 한다. 그리고 마지막에는 자신의 의견을 덧붙여보자. 의견을 말할 때는 근거나 이유를 조목조목 들어 상대방이 납득할 수 있도록 해야 한다. 이런 연습은 시사상식과 지식을 풍부하게 만들 뿐만 아니라 사고력과 영어 실력까지 키워줄 수 있다.

외국친구와 대화할 때 영어를 못해서 대화를 못한다고 생각하겠지만 사실 그보다 더 근본적인 이유는 대화의 소재, 즉 말할 거리가 없기 때문이다.

평소 자신의 생각을 정리해서 말하는 훈련을 해두면 언제 어디서 어떤 주제에 부딪히더라도 객관적인 사실에 근거하여 자신의 의견을 막힘없이 논리적으로 펼칠 수 있는 자신감과 실력이 생긴다. 그리고 이는 면접, 토익, 토플 말하기 시험에서도 좋은 결과로 이어질 것이다.

요건 꼭!

우리가 말을 잘 못하는 이유는?
① 지식이 부족하다. (아는 게 없다)
② 대화의 주제에 대해 생각해본 적이 없다.
③ 상대방과 공통 관심사가 없다.

[정답] 1, 2, 3번 모두~

지식은 어떻게 채울까?
① 책, 책, 책을 읽는다!
② 뉴스, 신문기사, 사설 등을 챙겨본다!
③ 평소에 어떤 사안이나 주제에 대해 다각도로 생각하는 습관을 기른다!
그리고 덧붙여
④ 스스로에게 질문을 던져본다.
⑤ 자신의 생각을 가상의 친구에게 말로 전달하는 연습을 해본다.

[정답] 1, 2, 3, 4, 5번 모두~

2 주제 - 무엇에 대해 말할까?

우리말로도 할 말이 없을 때가 많은데, 영어야 오죽하겠는가? 할 말을 찾기 위해서는 다양한 이야깃거리에 대한 '관심'이 필요하다. 세상에 대한 호기심을 가지고 눈과 귀를 항상 열어두자. 가족이나 친구들과 나누는 대화나 신문, 뉴스 등에 나오는 사회적 이슈에 대해 관심을 가지고 다방면으로 생각하는 습관을 들여야 한다. 예를 들어보자.

친구와 밥을 먹으면서 며칠 전에 본 영화에 대해 이야기를 나누고 있다. 미국드라마를 즐겨보는 친구가 나에게 미국드라마가 자신의 영어공부에 어떻게 도움이 되었는지 알려주었다. 그때 문득 머릿속에 할리우드 스타들이 약물과용으로 사망했다는 기사 내용이 떠올랐다. 어제 이 기사를 읽고 약물복용의 문제점에 대해 생각해보고 관련 정보도 찾아봤다. 그래서 친구에게 그에 대한 내 생각을 얘기해주었다.

이처럼 흔한 일상 속에서 이야깃거리를 찾아내는 통찰력을 기르고 어떤 주제라도 깊이 있게 생각하는 습관을 들인다면 언제 어디서든 자신 있는 말하기가 가능하다. 한번이라도 머릿속으로 생각해본 주제에 대해서 더 자신감 있게 말할 수 있는 것은 당연한 일이다. 어떤 주제에 대한 질문을 받고 말할 기회가 생겼을 때 관련 단어들과 문장들이 머리에 떠오른다면 보다 자연스럽게 대화를 이끌어갈 수 있다.

요건 꼭!

어디서 찾을까?
- 사람들 간의 대화
- 인터넷
- 영화, 드라마
- 책, 신문, 잡지
- TV, 라디오

어떤 이야기일까?
- 국제적 이슈, 한국의 이슈
- 우리 동네 이야기
- 나의 회사, 학교, 가족
- 동아리, 종교, 봉사 단체

무엇에 대해 말할까?
- 경험, 관심사
- 취미 생활
- 트렌드, 유행

3. 대상 – 누구와 어디서 대화하는가?

친구와 자연스럽게 이야기하다가도 막상 여러 친구들 앞에서 발표하려고 하면 이상하게 입이 잘 떨어지지 않는 경우가 있다. 일상대화에서는 서로 말을 주고받기 때문에 말하기 훈련의 필요성을 그다지 체감하지 못할 수 있다. 하지만 면접이나 발표에서는 말할 내용을 정리해두지 않으면 조리 있게 말하기가 어렵다. 물론 일상대화에서도 정리는 필요하다. 예를 들어, 친구와 싸울 때 내가 왜 기분이 나쁜지 이성적으로 차분히 설명해주어야 상대가 납득을 하지, 무턱대고 소리만 질러서는 친구와의 관계만 더 악화된다.

대화는 쌍방향 커뮤니케이션이다. 친구들과의 수다, 학교 발표 시간, 학교 면접, 학교 토론 시간, 부모님과의 대화 등 대상과 주어진 상황에 따라 대화의 주제나 분위기, 말하는 방식은 달라질 수 있다. 대화를 잘하기 위해서는 대상과 상황에 맞는 말하기가 필요하다.

말을 잘 하기 위해서는 여러분이 말하는 것이 대화 상대의 관심을 끌 수 있어야 한다. 그렇다면 대화 상대의 관심을 끌기 위해서는 어떤 것을 고려해야 할까?

요건 꼭!

상황에 적합한가?
　일상대화, 발표, 토론, 면접 등 어떤 상황에서 하는 대화인가

대화의 목적은 무엇인가?
- 즐거움을 주는 말하기 – 여행, 취미활동, 연예인 얘기 등
- 설득하는 말하기 – 재활용을 생활화하자, 강아지를 키우자 등
- 정보전달을 위한 말하기 – 휴대폰 사용법, 신제품 설명 등

대화 상대의 연령, 성별, 지식 수준은?
- 연령 – 대화 상대가 친구인지 부모님, 선생님 혹은 면접관인지에 따라 주요 관심사는 다를 수 있다.

- 성별 – 성향의 차이는 있겠지만 보통 남자, 여자인지에 따라 주요 관심사는 다를 수 있다.
- 지식 수준 – 유치원생들 앞에서 입시나 사형 제도를 논하거나 면접관 앞에서 좋아하는 걸그룹에 대해 장황하게 얘기할 수는 없는 노릇이다. 문화, 정치, 인종, 종교적인 성향도 파악하자.

토스트마스터즈 클럽에서는 언제 어디서든 사전준비 없이도 순발력 있는 말하기가 가능하도록 즉석 스피치 연습을 한다. 말하는 사람이 스피치 주제를 잡고 무작위로 청중을 지정하여 주제에 관한 질문을 던진 다음 1~2분 동안 대답하게 만드는 방식이다. 이런 연습은 특히 면접에서 큰 효과가 있다.

말 속의 뼈대 만들기

'무엇을(주제)', '누구에게(대상)' 전달할지 알고 있더라도 이를 '어떻게' 전달하느냐는 또 별개의 문제이다. 말을 잘한다는 것은 상대방이 자신의 의견에 동의하게 만들고 자신이 한 말의 핵심을 효과적으로 전달하고 기억하게 만든다는 것을 의미한다. 조리 있는 말하기는 마치 탄탄하게 잘 지어진 건축물과 같다. 건축물의 토대와 구조가 튼튼해야 무너지지 않는 하나의 건축물이 완성되는 것처럼, 말을 잘하기 위해서는 우선 말의 뼈대를 잘 구성해야 한다.

글에도 기-승-전-결/서론-본론-결론이 있듯 우리가 말을 할 때도 이런 단계가 들어 있어야 한다. 상대방이 내 이야기를 듣고 "그래서? 뭐 어쩌라고? (네가 하려는 말이 뭔데~)"와 같은 반응을 보인다면 이는 상대방이 내 말을 제대로 이해하지 못했음을 의미한다. 혹시 그럴 때마다 '그건 그 사람이 말귀를 못 알아듣는 탓'이라고 생각했는가? 정말 그 사람 탓이라면 다행이겠지만 아마도 대부분은 말한 사람 스스로가 자신이 말하고자 하는 바를 제대로 정리해서 말하지 못했기 때문일 것이다.

말할 내용을 잘 정리하기 위해서는 말하기의 아웃라인을 알아야 한다. 영어 말하기는 기본적으로는 다음의 3단계를 거친다.

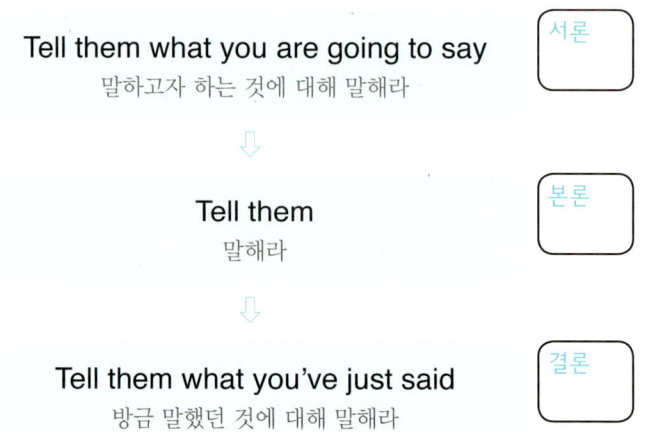

이를 순서대로 서론introduction, 본론body, 결론conclusion 이라고 한다.

물론 모든 말하기가 이 아웃라인을 따르는 건 아니지만 프레젠테이션이나 강연처럼 말할 내용을 미리 준비한 경우라면 이런 형식을 갖춰야 할 것이다. 하지만 시간상의 제약이 있을 때나 말하는 사람과 듣는 사람이 가까운 사이라면 그냥 서론(시작하는 말)과 결론(맺는 말)은 생략한 채 본론만 말하기도 한다.

서론, 본론, 결론을 모르는 분들은 거의 없겠지만 정리 차원에서 한 번 더 짚고 가겠다(이 책은 정말 친절한 책이다^^). 서론은 듣는 사람의 관심을 끌면서 앞으로 어떤 말을 할지 간단히 언급해주는 부분이다. 결론은 말을 끝맺음하기 전에 앞서 말한 내용을 다시 한 번 언급하면서 자신의 주장이나 생각을 확실하게 전달해주는 부분이다.

그리고 모든 형태의 말하기에 반드시 들어가야 하는 말하기의 핵심, 단팥빵의 단팥처럼 빠져서는 안 될 본론! 본론에는 무엇을 말하고자 했는지 핵심이 담겨 있어야 한다. 본론은 크게 핵심 포인트main point와 이를 뒷받침하는 말하기supporting material(이하 **Support**로 표기)로 구분된다. 영어는 두괄식이기 때문에 보통은 핵심 포인트를 먼저 말해야 한다.

서론	시작하는 한두 마디	Attention-getter 듣는 사람의 관심을 유도 Preview 말할 것에 대해 미리 언급
본론	말하려는 핵심	Main Point 1 말하려는 핵심 포인트1 Support 핵심 포인트1을 뒷받침하는 말 Main Point 2 말하려는 핵심 포인트2 Support 핵심 포인트2를 뒷받침하는 말 Main Point 3 말하려는 핵심 포인트3 Support 핵심 포인트3을 뒷받침하는 말
결론	끝맺는 한두 마디	Review 앞서 한 말을 다시 언급 Final remarks 주장

말하기의 서론-본론-결론을 너무 거창하고 부담스럽게 생각할 필요는 없다. 한두 문장으로 말을 시작하는 것과 끝맺는 한두 마디가 서론, 결론이라 할 수 있으니까 말이다. 서론-본론-결론으로 이어지는 아웃라인은 건축물로 따지면 기본 뼈대인 골조라고 보면 된다. 기본 골조를 세웠으면 이제 그 건물 안의 공간을 어떻게 채우고 활용할 것인가에 대해 생각해야 한다.

말하기 구조 자체를 복잡하게 고민할 필요는 없지만 본론에 대해서는 부담을 좀 가져줘도 괜찮다. 왜냐하면 본론은 말하기에서 가장 큰 비중을 차지하고 있으며 말하고자 하는 핵심 내용을 담은 중요한 부분이기 때문이다. 핵심 내용인 본론을 논리적이고 체계적으로 구성하는 것은 하나의 건물을 성공적으로 건축하는 것과 같다. 본론을 제대로 구성해야 말하기를 잘할 수 있는 것이다.

그렇다면 말하기의 핵심인 본론을 구성하는 방법 즉 '어떻게 하면 나의 생각을 쉽고 간단하고 조리 있게 설명할 수 있을지'에 대해 다음 장에서 차근차근 설명해보겠다.

말하기의 핵심, 본론

여러분은 평소 말하고 생각하는 사람인가, 생각하고 말하는 사람인가?

잘 모르겠다면 이쯤에서 질문! 대화를 할 때 상대방이 내 말의 의도나 핵심을 못 알아듣는 일이 잦은가? 대답이 **Yes**라면 일단 상대방보다 나를 의심해봐야 한다. 앞서도 말했지만 이런 경우 보통은 말하는 사람이 스스로 무엇을 말하는지에 대해 정리가 안 된 채로 말했기 때문이다.

말하는 습관은 곧 그 사람이 다른 이들에게 어떻게 드러나고 평가되는지 결정하는 가장 중요한 잣대이다. 그래서 상대가 누구든지 어떤 이야기를 하든지 내가 말하고자 하는 것이 무엇인지 명확해야 한다. 상대방이 내 말을 잘 알아들을 수 있도록 논리 정연하고, 간결하게 어필하는 전술이 필요하다. 바로 핵심 포인트를 잡는 일이다.

말을 하기 전에 먼저 머릿속으로 어떤 말을 할 것인가에 대해 생각해보고 몇 가지 자신이 말하고 싶은 핵심 문장을 잡아본다. 스크립트를 쓰는 것이 부담스럽다면 무슨 말을 할 것인지 노트에 간단히 적어보자. 그러면 자신이 말하고자 하는 것이 무엇인지 개념이 뚜렷이 잡힐 것이다. 왜 말을 하는데 적으면서 연습해야 하는지 묻는다면 이렇게 대답해주고 싶다. "한번이라도 핵심 포인트를 노트에 적어본 다음 말해본 적 있어? 안 해봤으면 말을 하지 마~"라고.

본론은 크게 핵심 포인트 main point 와 뒷받침하는 말 support 로 구분할 수 있다.

1 핵심 포인트 Main Point

말하기에서 가장 중요한 것은 핵심 포인트를 어떻게 잡느냐 하는 것이다. 핵심 포인트는 말 그대로 말의 핵심이다. 핵심 포인트를 잘 잡아야 말하는 내용이 조리 있게 전개될 수 있고 상대방에게 설득력 있게 다가갈 수 있다.

1. 핵심 포인트는 1~3가지 내외로

핵심 포인트의 개수는 주어진 시간에 따라 조정할 수 있지만 최대 5가지를 넘지 않는 것이 좋다. 전하려는 메시지가 너무 많으면 상대방이 기억하기도 힘들뿐더러 말하는 사람도 중언부언할 수 있기 때문이다. 10분 내외로 이야기할 경우 3가지, 주어진 시간이 더 짧다면 가장 중요한 포인트 1가지라도 확실하게 어필하면 된다. 핵심 포인트는 대화의 주제에 부합해야 하고 메시지가 명확하면서도 이를 논리적으로 뒷받침할 수 있는 말들이 덧붙여져야 상대방이 이해하기 쉽고 기억에도 오래 남는다.

2. 핵심 포인트 간의 비중 고려하기

핵심 포인트 간의 길이, 시간 배분 등 비중이 대등한 것이 이상적이다. 비중이 대등한 경우에는 몇 가지의 핵심 포인트를 선택해 말하면 된다.

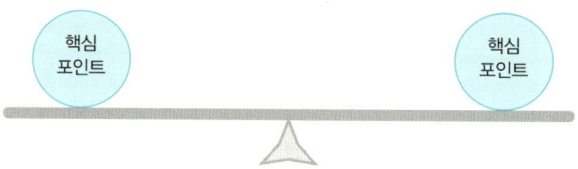

핵심 포인트 간의 비중이 다른 경우에는 비중이 큰 핵심 포인트를 선택해서 말하면 된다.

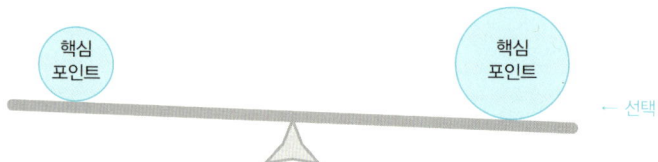

3. 주제, 질문에 연관된 핵심 포인트

핵심 포인트는 명확하고 논리적인 방법으로 구성해야 하고 상대방이 쉽게 이해하고 기억할 만한 것이어야 한다. 주제와 부합하고 논리적으로 공감할 수 있는 내용으로 잡도록 한다.

4. 핵심 포인트를 뒷받침하는 근거 들어주기

본론에는 핵심 포인트를 충분히 뒷받침할만한 근거가 있어야 한다. 여러분의 주장의 근거가 되는 자신의 경험, 주변인의 말, 전문 자료, TV, 잡지 등을 통해서 여러분의 주장이 옳다는 것을 청중들이 공감할 수 있도록 만들어야 한다. 정보, 주장에 대한 납득할만한 자료가 뒷받침 되지 않는다면 상대방은 여러분이 하는 말을 신뢰할 수 없다.

5. 다른 핵심 포인트로 자연스럽게 이동하기

여러분의 이야기 요지를 말할 때 핵심 포인트가 여러 개라면 핵심 포인트들을 자연스럽게 연결시키는 전환방법 transition도 고민하여 전체 흐름이 매끄럽게 진행될 수 있도록 만들어야 한다.

생일선물로 강아지를 받고 싶은데 부모님이 반대하셔서 설득해야 할 때 핵심 포인트를 이렇게 잡아 말할 수 있다.

서론	생일선물로 강아지를 꼭 받고 싶어요.
본론	**Main Point 1** 외둥이인 외로움을 강아지를 키우면 달랠 수 있어요. **Main Point 2** 강아지를 키우면 책임감도 생길 거예요. **Main Point 3** 한 생명을 구할 수 있는 좋은 일이예요
결론	강아지를 키우면 이렇게 여러 가지로 좋은 점이 있으니 꼭 키울 수 있게 해주세요. 허락해주실 거죠?

2 뒷받침하는 말 Support / Supporting material

핵심 포인트를 모두 작성하였지만, 뭔가 2% 부족하다고 느껴질 수 있다. 이럴 때 부족한 2%를 탄탄하게 해주는 것이 바로 핵심 포인트를 강화시켜 주는, 뒷받침하는 말이다.

의견을 말하면서 무턱대고 주장만 해서는 상대방을 설득시키기 어렵다. 이럴 때 뒷받침하는 말을 통해 여러분의 이야기를 보다 신빙성 있게 만들어줄 수 있다. 뒷받침하는 말은 주장을 명확하게 해주고, 이야기를 한층 흥미롭게 만들어주며, 기억에 오래 남게 만들 수 있다.

핵심 포인트를 뒷받침하는 말은 자신의 개인적인 경험이나 견해를 덧붙일 수도 있고 가족, 친구, 동료 등 주변 사람들의 이야기를 예로 들 수 있다. 또한 TV, 뉴스, 신문기사 등 미디어의 내용을 소개하거나 연구결과나 통계에 따른 사실, 책이나 다른 전문가의 의견을 인용하면서 좀 더 객관적인 근거로 핵심 포인트를 뒷받침해줄 수도 있다.

* **부연설명**: 뒷받침하는 말하기에서 상식이나 선행지식, 일반적인 이야기 등 자신의 예, 주변의 예, 객관적 근거에 해당하지 않는 이야기까지 포함하여 이 책에서 '부연설명'이라 정의하기로 한다.

1. 자신의 예

자신의 경험, 견해 등을 활용하여 핵심 포인트를 뒷받침하는 것이다. 자신이 직접 경험하고 생각한 것을 이야기하면 듣는 사람도 이야기 자체에서 진실성을 느끼면서 공감하기가 쉽다. 말하는 사람도 자신의 이야기이므로 어렵지 않게 말할 수 있다.

예) 당신이 꿈꾸는 미래 직업은 무엇입니까? → 수의사입니다.

Main Point	수의사는 제 적성과 잘 맞습니다.
Support	어려서 제가 살던 집 앞에서 앞발을 다친 고양이를 발견했습니다. 부모님은 좋아하지 않으셨지만 집으로 데려다가 동물병원에서 치료받게 해주고 정성껏 돌봐줬습니다. 저는 동물을 사랑하고 돌봐주는 것을 좋아해서 수의사를 하면 항상 즐겁게 일할 수 있을 것 같습니다.

2. 주변의 예

가족, 친지, 친구, 동료 등 자신의 주변에서 일어난 실례나 그들의 경험, 들은 이야기를 덧붙이면서 핵심 포인트를 뒷받침한다.

예) 조기 유학을 원하는 이유는 무엇인가요?

Main Point	다양한 문화를 직접 접함으로써 사고의 폭을 넓히고 자신감을 가지고 싶습니다.
Support	5학년 때 단짝이었던 친구가 2년간 캐나다에서 연수를 마치고 돌아왔습니다. 친구가 예전에는 소심한 편이었는데 많은 외국친구들과 사귀고 연락하면서, 국제 문제에 대해 고민하고 토론하는 모습을 보았습니다. 많이 활달해지고 생각의 폭이 넓어지는 등 바뀐 친구의 모습을 보면서, 저도 그런 환경에서 공부해보고 싶다는 욕심이 생겼습니다.

3. 객관적 근거

TV, 라디오, 신문, 인터넷 등 미디어에 나온 정보, 권위 있는 기관에서 발표한 자료, 전문가의 의견, 연구결과나 통계자료, 책 내용 등을 말한다. 자신과 주변의 관점에서 벗어나 보다 객관적이고 신뢰성 있게 핵심 포인트를 뒷받침할 수 있다.

예) 살을 빼는 좋은 방법은?

Main Point	근육량을 늘려야 합니다.
Support	근력운동 자체는 지방을 태울 수 없지만 근육의 양이 늘어나면 그 사람의 기초 대사량도 늘어납니다. 건강잡지에서 읽었는데 기초 대사량이 높아지게 되면 하루에 안정된 공간 안에서도 소모하는 칼로리가 높아진다고 합니다. 같은 운동을 해도 기초 대사량이 높으면 다이어트 효과가 더욱 빠르게 나타나기 때문에 근육량을 늘려야 합니다.

뒷받침하는 말을 자신의 예, 주변의 예, 객관적 근거 어느 한 가지로 한정지을 필요는 없다. 내용에 맞게 적절한 경우를 조합하여 말하면 된다.

예를 들어 강아지를 사달라고 하는 경우 강아지를 사면 외둥의 외로움을 달랠 수 있다거나 책임감을 기를 수 있다고 하면서 자신과 비슷한 친구의 경험을 예로 들어 설득력을 높여줄 수 있다. 그리고 주관적인 의견에서 나아가 책에 있는 정보나 뉴스, 사회 현상 등을 제시하면서 말하고 싶은 핵심 포인트를 강화할 수 있다.

서론	생일선물로 강아지를 꼭 받고 싶어요.
본론	Main Point 1 외둥이인 외로움을 강아지를 키우면 달랠 수 있어요. Support: 주변의 예(친구의 경험) 외둥이인 친구가 있는데 강아지를 키우면서는 집에 혼자 있어도 든든하고 많은 위안이 된다고 했어요. Main Point 2 강아지를 키우면 책임감도 생길 거예요. Support: 객관적 근거(책에 있는 정보) + 자신의 예(견해) 애견 키우기 책을 읽어보니 강아지를 키우는 데는 할 일이 많더라고요. 예방접종, 먹이주기, 씻기기, 산책시키기 등의 일들을 통해 책임감을 기를 수 있는 좋은 기회가 될 거예요. Main Point 3 한 생명을 구할 수 있는 좋은 일이예요 Support: 부연설명(사회현상) 버려지거나 주인을 잃은 유기견들이 거리를 떠돌다 안락사를 당하고 있는데 생명을 구할 수도 있는, 의미 있는 일이라고 생각해요.
결론	강아지를 키우면 이렇게 여러 가지로 좋은 점이 있으니 꼭 키울 수 있게 해주세요. 허락해주실 거죠?

말하기 재료 모으기

1 정보 및 자료 수집

1. 알고 있는 정보 나열하기
개인적인 지식, 경험과 여러분이 가지고 있는 파일, 신문, 잡지 및 기타 문서들을 우선적으로 나열한다.

2. 필요한 정보 목록 정리하기
여러분이 모르고 있거나 꼭 수집해야 하는 정보의 목록을 만들어보자.

3. 모은 정보를 분류하여 적재적소에 배치하기
정보는 객관적인 통계statistics, 실제 사례examples, 이야기stories와 개인적으로 경험했던 일화anecdotes 등으로 분류할 수 있다. 이런 작업을 거친 후에 여러분이 가지고 있는 정보와 수집해야 할 정보를 분석하여 필요한 자료들을 준비하면 된다.

2 다양한 말하기 재료

1. 추가 설명
핵심 아이디어가 듣는 사람들에게 생소한 개념일 경우 아이디어나 핵심 용어를 설명해줘야 한다. 핵심 포인트의 내용만으로는 듣는 사람들이 무슨 말인지 이해하지 못할 경우에는 설명을 덧붙여서 핵심 포인트의 의미를 확실히 전달해야 하는 것이다.

2. 비유 및 은유
이야기를 할 때 비유 및 은유를 사용하면 말하고자 하는 바를 더 쉽고 생생하게 표현할 수 있다.

3. 예시

핵심 포인트를 증명할 수 있는 구체적인 예시를 들어주면 듣는 사람의 공감을 높일 수 있다. 자신의 경험담, 주변의 경험담, 주변에서 들은 이야기, 미디어에서 다뤄진 기사거리, 책의 내용, 유명인의 일화 등을 통해 주장의 근거를 제시하면 이해도 빠르고 신빙성을 더해줄 수 있다.

4. 전문가의 의견, 연구결과

주장하는 바에 대해 주관적인 의견만 제시하지 말고 연구결과, 통계, 전문가의 의견 등 객관적이고 전문적인 자료를 활용하면 신뢰감을 높일 수 있다. 단, 출처를 밝히는 것을 잊지 않도록 유의하자.

5. 시각 자료 활용하기

통계, 기사거리, 책의 내용, 연구결과 등 말로 하면 복잡해지거나 확실하게 전달할 수 없는 내용은 **PPT**로 만들거나 그와 관련된 물건을 보여주면 효과적이다.

영어로 말할 때 유의사항

1. 의미를 이해하기 쉽고 발음하기도 편한 단어를 사용한다.

남들이 다 아는 단어를 쓰면 없어 보일까봐 괜히 장황하고 어려운 용어들을 섞어 말하는 사람들이 있다. 하지만 듣는 사람 입장에서는 알아듣기가 힘들고 집중력도 떨어진다. 특정집단에서 주로 쓰는 전문용어, 구어체에서 잘 쓰이지 않는 용어들을 걸러내어 일상대화에서 자주 사용되는 표현으로 말해야 한다. 상대가 메시지를 쉽고 빠르게 흡수할 수 있도록 만들어야 한다.

- **aggregate** 모이다 → gather, collect
- **lethargic** 무기력한 → tired, lazy
- **strategize** 계획하다 → plan

사람마다 발음이 잘 되지 않는 단어들도 있다. 이때는 여러분이 편안하게 발음할 수 있는 단어를 선택하자. 발음하기 쉬워야 자신감 있게 말할 수 있고 듣는 사람들도 편안히 들을 수 있다.

2. 어구(phrase)는 간단한 단어로 바꿔 사용한다.

말을 할 때는 보다 간결하게 표현하는 것이 좋다. 화려한 수식어나 여러 단어로 구성된 숙어보다는 간결한 단어 하나가 듣는 사람들에게 더 확실하게 전달될 수 있다.

- **take into consideration** ~을 고려하다. 참작하다 → consider
- **have an effect on** ~에 영향을 미치다 → influence
- **put emphasis on** ~을 강조하다 → emphasize
- **a large number of** 많은 (수의) → many
- **at the present time** 요즈음에는 → currently, presently

3. 짧고 간결한 문장(sentences)으로 표현한다.

전치사, 접속사 등으로 문장이 길어지면 문장을 끊어서 두 문장으로 나눈다. 문장이 길면 여러분이 말하기도 힘들 뿐 아니라 듣는 사람들도 쉽게 이해하지 못한다.

> **Language is the primary means of communication between people.** 언어는 인간 사이의 커뮤니케이션 수단이다.
> → **Humans communicate through language.**
>   인간은 언어를 통해 대화한다.

4. 줄임말 사용을 주의한다.

단체를 칭할 때나, 경제 용어를 쓸 때 약어 abbreviations를 사용하게 되는 경우가 많은데 약어를 사용할 때는 전체 이름이나 원래의 뜻을 덧붙여주어야 한다. 반복해서 말할 때도 원래 뜻을 덧붙여주는 것이 이해가 쉽다.

> - **MOFAT (Ministry of Foreign Affairs and Trade)** 외교통상부
> - **WHO (World Health Organization)** 세계보건기구

5. 구체적이고 생생한 언어를 사용한다.

이중적, 함축적인 의미를 가지고 있는 단어들이 있다. 이런 단어를 사용하면 여러분과 듣는 사람이 서로 다른 의미로 해석할 우려가 있다. 의미 혼동을 피하기 위해서 구체적인 설명과 예시를 들어주는 것이 좋다.

> **Sarah ate a nice lunch.** 사라는 맛있는 점심을 먹었다.
> → **Sarah ate bibimbap.** 사라는 비빔밥을 먹었다.
> **Sarah ate spaghetti with salad.** 사라는 샐러드와 스파게티를 먹었다.
>
> **Bill is generous.** 빌은 아량이 있다.
> → **Bill donates some money every month.** 빌은 매달 기부를 한다.
>   **Bill forgave his employees for being late.**
>   빌은 직원이 지각을 해도 용서해줬다.

영어로 발표할 때 필요한 스킬

말을 할 때는 내용 못지않게 효과적으로 전달하는 기술도 중요하다. 성공적인 영어 말하기를 위해 필요한 스킬에는 어떤 것이 있을까? 우선, 철저한 사전 준비와 마인드컨트롤은 기본으로 전제되어야 할 것이다.

철저한 준비, 준비, 그리고 또 준비!

영어는 모국어가 아니기 때문에 사전 적응 훈련과 만반의 준비를 해두어야 실수의 위험을 줄일 수 있다. 친구 사이에 편하게 대화를 나누는 경우라면 몰라도 면접이나 여러 사람들 앞에서 말해야 할 때는 긴장감 때문에 준비한 내용을 잊어버리거나 횡설수설하면서 말하려는 핵심을 제대로 전달하지 못하는 안타까운 사태가 벌어질 수 있기 때문이다.

Always be prepared! 항상 준비되어 있는 자세를 갖추자. 평소에 충분히 생각하고 연습했던 주제에 대해 이야기를 한다면 단어, 문장 등의 사용에 막힘이 없을 것이다.

청중을 두려워하지 말자!

대부분 정도의 차이는 있겠지만 여러 사람들 앞에서 말할 때 어느 정도의 긴장감nervousness, 불안감anxiety, 무대공포증stage fright, 당황panic 등을 느낄 수 있다. 이는 지극히 당연하며 자연스러운 일이다. 중요한 것은 이러한 두려움과 긴장감을 얼마나 잘 조절해내는가이다. 마인트컨트롤이 필요한 것이다.

여러분의 말을 듣는 사람은 여러분이 제대로 말을 다하고 끝을 맺기를 바라고 있다. 여러분을 바라보는 시선은 여러분을 평가하거나 비난하려는 것이 아니라 여러분이 생각과 정보 등을 정확하고 즐거운 마음으로 전달할 것을 기대하는 눈빛이다. 청중은 여러분의 편이다. **Don't be afraid!** 두려워하지 말자.

1 시각적인 방법

몸짓 언어(body language), 우리가 흔히 '바디랭귀지'라고 하는 몸짓 언어는 말로는 다 표현할 수 없는 감정이나 아이디어를 효과적으로 보충해주는 역할을 한다. 우리가 인지하지 못하더라도 몸짓 언어는 말하는 내내 끊임없이 일어나고 있다. 예를 들어, 긴장한 티를 내지 않으려 해도 손톱을 물어뜯거나 계속 뭔가를 만지작거리는 행동은 말하는 사람의 긴장감을 역력히 보여주는 것이다.

Stance/Posture(자세)

영어 말하기를 할 때 가장 중요한 것은 자신감이다. 그리고 자신감은 바로 자세에서 드러난다. 몸을 똑바로 세우면서 바른 자세로 말하면 자신감 있게 보인다.

Movement(움직임)

앞에서 발표할 경우, 한곳에 서서 이야기하기보다 왼쪽 오른쪽으로 자연스럽게 자리를 이동하면서 이야기한다.

Gestures(제스처/손동작)

"그가 저쪽으로 갔다"를 말로만 했을 때보다는 손으로 그 방향을 가리키는 동작을 한다면 여러분이 하려는 말의 의미가 효과적으로 보충이 된다.

Facial Expression(얼굴 표정)

얼굴 표정은 듣는 사람의 마음을 읽거나 듣는 사람들이 말하는 사람을 이해하는 데 매우 중요한 요소이다.

Eye Contact(눈맞춤)

말을 할 때는 상대와 자연스럽게 시선을 맞추면서 이야기하는 것이 좋다. 여러 사람들 앞에서 발표할 경우에도 시선을 아래로 떨구거나 옆쪽만 바라보지 않도록 유의한다. 왼쪽, 중간, 오른쪽에 한 명씩 정해 놓고 그들을 번갈아 쳐다보면 전체를 아우르면서 말하고 있다는 느낌을 줄 수 있다.

2 청각적인 방법

청각적인 몸짓 언어를 다른 말로는 음성의 변화 vocal variety 라고 한다. 음성은 듣는 사람과의 가교 역할을 하므로 듣는 사람의 관심을 유발하기 위해서는 목소리를 향상시키는 연습이 필요하다.

Volume(음량/목소리 크기)
말하는 내내 메시지가 충분히 전달될 정도의 크기를 유지해야 한다.

Pitch(음조/목소리 높이)
전달하려는 내용에 따라 목소리 높이를 적절히 조절해야 한다. 높은 목소리는 흥분과 열정을 전달하며, 낮은 목소리는 슬픔과 사려 깊음을 암시해준다.

Speed Rate(음율/목소리 빠르기)
너무 빠른 속도로 이야기하면 듣는 사람은 여러분이 무슨 말을 하는지 이해하지 못하고, 너무 천천히 이야기하면 답답해 할 수 있다.

Quality(음질/목소리 특징)
목소리에는 친근감, 자연스러움, 힘, 활력, 풍부한 표현력, 명확한 발음, 자신감 등의 모든 요소들이 조화롭게 녹아있어야 한다.

Silence(침묵)
적절한 순간의 침묵(silence) 또는 중단(pause)은 아주 효과적인 말하기 기술 중 하나이다. 여러분이 무엇인가 중요한 핵심을 강조하기 전 잠시 말을 중단하면 듣는 사람은 "저 사람이 무엇을 말하려고 그러지?" 하며 호기심을 느끼고 이야기에 집중할 수 있다.

2 Speaking Patterns
_ 영어 말하기 4가지 공식

1. **Structure** 말하기의 기본 뼈대 만들기
2. **Speaking Patterns** 영어 말하기 4가지 공식
3. **Useful Expressions** 영어 말하기 주요 표현

수학만 공식이 있으란 법 있나? 영어 말하기에도 공식이 있다.

영어 말하기 공식이라니… 이런 반가운 소식이! 하지만 기뻐하기엔 아직 이르다. 공식이 딱 4가지뿐이란다. 핵심 포인트 답변 기술 4가지, 편의상 '영어 말하기 싸가지 공식'이라고 부르겠다. 이 공식들만 외우고 있으면 여러분은 이제 대화하다 상대방이 어떤 질문을 던져도 대화가 어떤 주제로 흘러가도 그 질문이나 주제에 대해 자신의 생각을 논리적으로 요점만 쏙쏙 담아 대답할 수 있다는 것이다. 만세!

본격적인 정리에 앞서 영어 말하기 공식의 이름부터 소개하겠다.

영어 말하기 싸가지 공식
- 원인-결과 공식 **Cause-Effect Patterns**
- 문제해결 공식 **Problem-Solving Patterns**
- 찬반 공식 **Pros and Cons Patterns**
- 서브토픽 공식 **Subtopic Patterns**

이름만 들어선 알 것도 같고 모를 것도 같고~ 뻔한 것도 같고 뭔가 놀라운 비밀이 숨겨져 있을 것도 같고~ 알쏭달쏭할 것이다. 그럼 지금부터 하나하나 이 녀석들의 정체를 밝혀보겠다.

1 원인-결과 공식 Cause-Effect Patterns

MP3 1-01

어떠한 사회 현상이나 문제점 등 특정 주제에 대해 이야기할 경우 그에 대한 원인과 결과에 대해 설명해야 하는 경우가 있다. 어떤 일의 원인과 그것이 초래하는 결과를 핵심 포인트로 구성하는 방식이다.

■ 원인-결과 공식으로 말할 때 유용한 표현

Because 왜냐하면
Due to ~때문에
For ~때문에
Result in ~의 결과를 가져오다

Because of ~때문에
Since ~때문에
The reason is that + 주어 + 동사 이유는 ~이다
As a result of ~의 결과로

■ 원인-결과 공식, 이렇게 쓴다

TOPIC: 학교 체벌 금지

'학교 체벌 금지'라는 사회적 이슈에 대한 주제가 주어진다면 체벌을 금지하는 '원인'과 체벌 금지에 따른 '결과'에 대해 이야기할 수 있다.

원인	Main Point 1: 학생의 인권 침해
	Physical punishment was banned in Korea a few years ago, because it was a violation of student rights. 체벌은 학생의 인권을 침해한다는 이유로 몇 년 전에 한국에서 금지됐습니다.
	Main Point 2: 반발심 유발
	The punishment also carried a risk for students to rebel against their teachers. 또한 체벌은 학생들의 교사에 대한 반발심을 유발했습니다.
결과	Main Point 3: 학생들 통제 어려움
	Since this is forbidden, other problems arise, such as difficulty of controlling students. 그러나 체벌 금지 이후 학생들의 통제 등 다른 문제점들이 발생했습니다.
	Main Point 4: 교사의 권위 추락
	Consequently, we can see the prestige of many teachers hit rock bottom lately. 더불어 최근 우리는 교사의 권위가 추락하고 있는 것을 목격하고 있습니다.

2 문제해결 공식 Problem-Solving Patterns

MP3 1-02

사회적 이슈들 대다수가 문제점에 관한 것이다. 문제해결 공식은 주제가 되는 문제점을 짚어주고 이를 해결할 수 있는 방법을 제시해주는 말하기 방식이다. 여기서 중요한 부분은 문제를 핵심 포인트로 처음에 확실히 짚어준 다음 해결책을 제시해야 한다는 것이다.

■ 문제해결 공식으로 말할 때 유용한 표현

I believe that ~ can help to + 동사원형 나는 그것이 ~하는 데 도움이 될 것이라 믿는다
The best way to do ~ is 가장 좋은 방법은 ~이다
I suggest[recommend] that + 주어 + 동사 내가 제안하는[추천하는] 것은

■ 문제해결 공식, 이렇게 쓴다

TOPIC: 학교폭력과 왕따 문제

요즘 학교폭력, 왕따 등의 이유로 자살을 선택하는 학생들의 이야기를 뉴스나 신문에서 심심치 않게 접할 수 있다. 친구들과 즐겁게 지내야 하는 학교생활이 이런 문제들로 얼룩지고 있는데 대한 해결책을 생각해보자.

문제	**Main Point 1:** 한 개인에게 평생 지울 수 없는 치명적인 상처 **Lately, we have heard and read news that students commit suicide because of school bullying. This is a very serious issue, because it will leave a scar to the students who are treated as outcasts.** 우리는 최근에 학생들이 학교 폭력으로 자살하는 뉴스를 보고 듣습니다. 왕따를 당한 학생들에게는 평생 지울 수 없는, 그들의 마음속에 영원히 남아있는 상처이기 때문에 매우 심각한 문제입니다.
해결	**Main Point 2:** 서로 존중하는 마음을 기르는 것이 중요 **The best way to reduce school bullying is that we teach students a sense of respect for each other.** 학교폭력을 줄일 수 있는 가장 좋은 방법은 학생들에게 서로 존중하는 마음을 심어주는 것입니다. **Main Point 3:** 왕따를 당하는 아이 스스로도 자존감을 길러야 **On the other hand, I believe that the outcasted students should improve their self-esteem to prevent and defend themselves.** 반면에 저는 왕따 당하는 학생들이 스스로를 지키고 방어할 수 있도록 자존감을 길러야 한다고 생각합니다.

3 찬반 공식 Pros and Cons Patterns

MP3 1-03

일상생활이나 면접, 학교의 토론수업 등에서 찬성이나 반대의 입장에서 말해야 하는 경우가 종종 있다. 특정 이슈에 대해 찬성 또는 반대를 할 때는 그 이유에 대해 자신의 주장이나 의견을 객관적 근거를 들어서 논리적으로 설명해야 한다.

■ 찬반 공식으로 말할 때 유용한 표현

I agree with ~에 동의하다	I'm in favor of ~에 찬성하다
I'm for ~에 찬성하다	I don't agree with ~에 동의하지 않는다
I'm opposed to ~에 반대하다	I object to ~에 반대하다

■ 찬반 공식, 이렇게 쓴다

TOPIC: 학교에서 핸드폰 사용

스마트폰 시대가 오면서 학생들 대부분 핸드폰을 사용하고 있다. 휴대폰은 편리한 점도 분명히 있지만 수업 집중에 방해가 된다는 단점도 있다. 교실에서의 핸드폰 사용에 대해 찬성과 반대의 입장에서 정리해보자.

찬성 Pros	**Main Point 1:** 급한 일이 생길 경우 부모님께 연락할 수 있음
	Having a cell phone is necessary for urgent matters and for contacting parents while you are at school. 학교에서 급한 일이 있어 부모님께 연락해야 할 때 핸드폰이 필요합니다.
	Main Point 2: 필요한 정보를 쉽게 찾을 수 있음
	Also, we can easily find useful information, such as looking up an English dictionary. 또한 영어 단어를 찾는 등 필요한 정보를 쉽게 찾을 수 있습니다.
반대 Cons	**Main Point 1:** 선생님 말씀에 집중이 안돼서 공부에 방해됨
	First, using a cell phone interferes with a student's studies, because it distracts them from focusing on what their teacher's say. 첫째로, 핸드폰 사용은 선생님 말씀에 집중을 못하게 만들어 공부에 방해가 됩니다.
	Main Point 2: 게임, 문자 중독을 가중시킴
	Second, it can accelerate the addiction to games and texting. 둘째로, 핸드폰 사용은 게임과 문자 중독을 가중시킵니다.

4 서브토픽 공식 Subtopic Patterns

질문의 주제, 토픽에 관해 그 내용을 각각의 세부 카테고리로 나누어 핵심 포인트를 잡는 방법이다. 시간 순으로 답변하는 기술도 서브토픽의 대표적인 방법의 하나이다.

- **서브토픽 공식으로 말할 때 유용한 표현**

  It can be categorized by 그것은 ~의 카테고리로 나눌 수 있다
  It can be divided into three parts, 그것은 3가지 부분으로 나눌 수 있다
  There are three main points: first, ~ second, ~ and third ~
  3가지 주요 포인트가 있다. 첫째로 ~, 둘째로~, 셋째로 ~이다

- **서브토픽 공식, 이렇게 쓴다**

  TOPIC: 나만의 공부법

  영어 공부법을 알려달라는 요청을 받았다고 하자. 이때 듣기, 말하기, 읽기 등 각 분야별로 나눠 설명하거나 미국 드라마 보기, 영어 동호회 가입, 영어일기 쓰기 등 구체적인 학습방법을 각각 핵심 포인트로 잡아 설명할 수 있다.

서론	I have 3 different ways of studying English. 나는 3가지 방법으로 영어 공부를 합니다.
본론	Main Point 1: 미국 드라마를 보면서 영어듣기 실력 향상 The first way is watching American dramas. Through this method I can improve my listening skills. 첫 번째 방법은 미국 드라마를 보는 것입니다. 저는 이 방법으로 듣기 실력을 향상 시켰습니다.
	Main Point 2: 영어 스피치 동호회 활동을 통해 영어 말하기 실력 향상 The second way is regularly attending English speech-making clubs. It has helped to develop my speaking skills. 두 번째 방법은 영어 스피치 동아리에 정기적으로 참여하는 것입니다. 이는 영어 말하기 실력 향상에 도움이 됐습니다.
	Main Point 3: 영작문을 위해 매일 영어일기를 쓰고 영자신문 읽기 The last one is keeping a journal and reading English newspapers every day to enhance my writing skills. 마지막으로 쓰기 실력을 기르기 위해 영어 일기를 쓰고 영어 신문을 매일 읽습니다.

+ Plus
시간 순으로 말하는 서브토픽 공식

시간 순으로 이야기 할 때는 2가지 방법이 있다.

1. 시간의 흐름에 따라 말하기
과거, 현재, 미래 등 세 부분으로 나눠 시간 순으로 말하거나 그 반대로 말할 수 있다. 예를 들어, 어떤 현상이 일어나는 원인을 설명하기 위해서 현재를 이야기하고, 과거로 거슬러 올라가는 식으로 이야기하는 것이다.

2. 순서 또는 단계별로 말하기
방법이나 절차를 이야기할 경우 사용한다. 예를 들어 어떤 클럽의 회원으로 가입하는 절차를 이야기할 때 복잡한 절차를 3단계로 줄여서 말하는 것이다.

■ 시간 순으로 말할 때 유용한 표현

First, Next 첫째로, 다음으로

Then ~, After that ~, Finally ~
그러고 나서 ~, 그 다음에 ~, 마지막에 ~

The first step is to ~, The second step is to ~
첫 번째 단계는 ~이고, 두 번째 단계는 ~이다

When I was ~, This Year ~, I look forward to ~
제가 ~일 때, 올해는 ~, 앞으로는 ~할 것을 기대하다

■ 시간 순으로 말하는 서브토픽 공식, 이렇게 쓴다

TOPIC: 토스트마스터즈(TM) 클럽 가입 절차

본론	Main Point 1: 매주 금요일마다 모임에 참여
	For the first three weeks, attend regular meetings on Fridays. 첫 3주 동안 매 금요일마다 참여합니다.
	Main Point 2: 가입신청서를 작성하고 회원 등록금을 함께 제출
	Then fill out and submit the registration form with the membership fee. 그리고 나서 가입신청서를 작성하고 회원 등록금을 함께 제출합니다.
	Main Point 3: TM 본부에서 승인이 나면 회원가입 완료
	Finally, obtain approval from the Toastmasters International Headquarter and become a member. 끝으로 국제 토스트마스터즈 본부에서 승인을 받아 회원이 됩니다.

3 Useful Expressions
_ 영어 말하기 주요 표현

1. **Structure** 말하기의 기본 뼈대 만들기
2. **Speaking Patterns** 영어 말하기 4가지 공식
3. **Useful Expressions** 영어 말하기 주요 표현

1. 말을 시작할 때

▶ 내 말[스피치]의 목적은 ~이다

The purpose of my talk[speech] is to + 동사

저에게 있어 최고의 여름방학을 소개하려고 합니다.
The purpose of my talk is to share my best summer vacation.

▶ ~에 대해 이야기하고 싶다

I am going to[I would like to] talk about ~

제가 가장 재미있게 읽었던 책에 대해 이야기하고 싶습니다.
I'm going to talk about the most interesting book that I have read.

▶ 내가 이야기하려는 주제는 ~이다

The topic I'd like to talk about is ~

사형제도의 필요성을 이야기하려고 합니다.
The topic I'd like to talk about is the necessity for capital punishment.

▶ ~에 관해 여러분과 함께 이야기를 나누려고 하다

I'd like to share with you (about) ~

제 개인적인 이야기에 관해서 함께 이야기를 나누려고 합니다.
I'd like to share with you my personal experience.

▶ ~로 말을 시작하려고 하다

I'd like to start (a talk) with ~

제 인생에서 가장 중요하게 생각하는 단어인 우정으로 말을 시작하려고 합니다.
I'd like to start with the most important word in my life, friendship.

▶ ~로 이야기를 시작하겠다

Let me begin by -ing

이야기를 하나 하면서 시작하겠습니다.
Let me begin by telling a story.

▶ 이 점에 대해 자세하게 설명하겠다

I'd like to elaborate on this point ~ / I will go into details.

세 가지 이유를 제시하면서 이 점에 대해 자세하게 설명해드리겠습니다.
I'd like to elaborate on this point by giving three reasons.

▶ ~을 설명하겠다

Let me explain + 목적어

그 영화를 간략히 설명해드리겠습니다. 그러면 이해가 더 잘 되실 겁니다.
Let me explain the movie briefly, so you can have a better understanding.

▶ ~을 말하겠다

I will tell you + 목적어

여러분들에게 스포츠 댄스가 어떻게 저의 취미가 되었는지 말씀해드리겠습니다.
I will tell you how sports dancing became my hobby.

▶ 우선, 나는 ~에 대해 이야기하고 싶다

First of all, I'd like to talk about ~

우선, 저는 제 경험에 대하여 이야기하고 싶습니다.
First of all, I'd like to talk about my past experience.

▶ 내가 말하려는 것은 ~이다

What I'm going to tell you is + 주격보어

제가 말하려는 것은 부상 없이 운동을 즐기는 몇 가지 방법입니다.
What I'm going to tell you is some ways to enjoy exercising without getting injured.

2. 말을 끝맺을 때

▶ 결론적으로

In conclusion, 주어 + 동사 / **To conclude,** 주어 + 동사

결론적으로, 저는 성형수술에 반대합니다.
In conclusion, I am not in favor of cosmetic surgery.

▶ ~라는 결론에 이르다

I come to the conclusion that + 주어 + 동사

보다 나은 삶을 위해 성형수술이 필요하다는 결론에 이르렀습니다.
Now, I come to the conclusion that cosmetic surgery is necessary for a better life.

▶ 전반적으로(여러 가지 이유로) 봤을 때

All in all, 주어 + 동사

전반적으로 봤을 때 학교 체벌은 필요합니다.
All in all, I belive that corporal punishment in schools is necessary.

▶ 마지막으로 중요한 것은

Last, but not least, 주어 + 동사

마지막으로 중요한 것은 인생에서 무엇을 원하는지 알고 있어야 한다는 것입니다.
Last, but not least, you should really know what you want in life.

▶ 간단히 말해서

Simply put, 주어 + 동사

간단히 말해, 저는 인생에서 선택의 중요성을 강조하고 싶습니다.
Simply put, I'd like to strongly emphasize the importance of choices in our lives.

▶ 그래서

So, 주어 + 동사

그래서 성형수술이 매우 유익합니다.
So, plastic surgery is very beneficial.

▶ 요약하자면

To sum up, 주어 + 동사

요약하자면, 인생에 균형을 갖는 것은 건강에 중요합니다.
To sum up, keeping a balanced life is important for your health.

▶ 전반적으로

Overall, 주어 + 동사

전반적으로 그것은 좋은 경험이었습니다.
Overall, it was a wonderful experience.

▶ 앞서 말했듯이

As I said before, 주어 + 동사

앞서 말했듯이, 우리 사회에서 자녀를 양육하는 데는 비용이 많이 듭니다.
As I said before, education costs are too high in our society.

▶ ~에 대해 감사하다

Thank you for + 목적어

제 말을 들어주셔서 감사합니다.
Thank you for listening

▶ 마지막으로

Lastly, 주어 + 동사

마지막으로, 기혼자들은 자신들의 삶을 즐기고 싶어 합니다.
Lastly, married couples want to enjoy their lives.

▶ ~라고 결론지을 수 있다

I can conclude that + 주어 + 동사

적합한 운동을 찾아야 한다고 결론지을 수 있겠습니다.
I can conclude that you need to find the appropriate exercises.

3. 본론을 말할 때

이유를 말할 때

▶ 이런 이유로

For this reason / For / Because

저는 이러한 이유로 여름방학[휴가] 때 파리에 가는 것을 추천합니다.
For this reason, I recommend Paris for this summer vacation.

▶ 따라서

Therefore / Accordingly / As a consequence / As a result / Consequently / Thus

따라서 저는 사형제도가 우리 사회에서 필요하지 않다는 의견에 찬성합니다.
Therefore, I agree with the idea that the death penalty is not necessary in our society.

강조할 때

▶ 보다 중요한 것은

More importantly, 주어 + 동사

더 중요한 사실은, 다른 언어를 배우는 것이 우리에게 더 많은 기회를 준다는 것입니다.
More importantly, learning other languages gives us a competitive advantage.

▶ 특히

especially

우리는 닮은 점이 많은데, 특히 음악 취향이 똑같습니다.
We have a lot in common, especially, our taste in music.

▶ 무엇보다도

Above all, 주어 + 동사

무엇보다도 저는 그녀의 태권도에 대한 열정을 존중합니다.
Above all, I respect her passion for taekwondo.

▶ 바꿔 말하면,

In other words, 주어 + 동사

바꿔 말하면, SNS를 통해서 사람들은 더 많은 정보를 얻을 수 있습니다.
In other words, through SNS, people can obtain more information.

찬성할 때

▶ ~에 동의하다

I agree with/to ~
I agree that + 주어 + 동사

그 점에 대해 네 말에 동의해.
I agree with you on that.

저는 학생들이 학원에 다닐 필요가 없다는 것에 강하게 찬성합니다.
I strongly agree that students don't need to attend private institutions.

▶ ~에 찬성하다

I am in favor of + 목적어 / **I am all for** + 목적어

저는 우리가 목적지를 향해 계속 가야 한다는 것에 찬성합니다.
I am in favor of going to the destination.

저는 성형수술에 찬성합니다.
I am all for cosmetic surgery.

반대할 때

▶ ~에 동의하지 않는다

I don't agree with/to + 목적어
I don't agree that + 주어 + 동사

저는 학교에서 핸드폰을 사용하는 것에 동의하지 않습니다.
I don't agree with allowing students to use cell phones in school.

▶ ~에 결코 동의하지 않는다

I completely disagree with/to + 목적어
I completely disagree that + 주어 + 동사

저는 인간 복제에 대해 결코 동의하지 않습니다.
I completely disagree with human cloning.

▶ ~에 반대하다

I am against + 목적어

저는 우리 사회의 사형 제도에 반대합니다.
I am against the death penalty in our society.

▶ ~에 반대하다

I object to + 목적어 / **I object that** + 주어 + 동사

저는 불법 다운로드에 반대합니다.
I object to downloading files without permission.

▶ ~에 반대하다

I am opposed to + 목적어

저는 현재 우리 학급의 정책에 반대합니다.
I am opposed to the current policies in our class.

의견/주장을 나타낼 때

▶ ~라고 믿는다[생각한다]

I believe that + 주어 + 동사

저는 꿈을 이루는 데는 항상 많은 노력이 기초가 된다고 믿습니다.
I believe that making dreams come true is always based on hard work.

▶ ~라고 확신한다

I am certain that + 주어 + 동사

나는 그 사람이 너를 아주 좋아한다고 확신해.
I am certain that he likes you so much.

▶ 내 생각에는,

In my opinion[view], 주어 + 동사

내 생각에 너는 이과보다는 문과가 더 맞는 것 같아.
In my opinion, you are more fit for liberal arts than natural sciences.

▶ ~라고 확신하다

I am quite positive that + 주어 + 동사

저는 조기 유학이 많은 혜택이 있다고 확신합니다.
I am quite positive that studying abroad at a young age has many benefits.

예를 들 때

▶ 예를 들면,

For example[instance], 주어 + 동사

예를 들면, 저희 학교에는 저희가 참여할 수 있는 많은 과외 활동이 있습니다.
For example, there are many extracurricular activities in our school that we can participate in.

▶ ~와 같은, 이를 테면

such as

저는 힙합과 발라드 같은 음악을 듣는 것을 좋아합니다.
I like listening to music such as hiphop and ballads.

▶ ~의 한 예로서

as an example of

서울은 가장 번화한 도시 중 하나라고 생각합니다.
I consider Seoul as an example of a flourishing city.

비슷하거나 같은 생각을 덧붙일 때

▶ **게다가 also / besides / furthermore / in addition / additionally / moreover / as well**

압구정에서 패셔너블한 사람들을 만날 수 있습니다. 게다가 쇼핑하다가 연예인들을 우연히 마주칠 수도 있습니다.
You can meet fashionable people in Apgujeong. Furthermore, you might bump into some celebrities while shopping there.

그의 태도는 다른 학생들에게 모범이 되며 그의 남동생 역시 마찬가지입니다.
He is a role model for other students and his brother as well.

▶ **또한**

both ~ and / not only ~ but also / ~ as well as

그녀는 예쁠 뿐만 아니라 똑똑하기도 합니다.
She is not only pretty but also smart.

이 규칙은 자녀들뿐만 아니라 부모에게도 적용됩니다.
This rule applies to parents as well as children.

반대의 생각을 덧붙일 때

▶ **다른 한편으로는 On the other hand**

다른 한편으로는 친구들과 저는 집에서 시간 보내는 것을 좋아합니다.
On the other hand, my friends and I enjoy spending time at home.

▶ **~반면에/비록 ~이지만 Even though / Although / Whereas / While**

그는 기꺼이 도와주고 싶긴 하지만, 시간 여유가 많지 않습니다.
While he is willing to help, he does not have much available time.

▶ **~에도 불구하고 Despite / In spite of ~**

성형수술의 부작용에도 불구하고, 대부분 사람들은 수술을 하기를 원합니다.
In spite of the side effects of plastic surgery, most people prefer to get it done.

▶ **그와 반대로 On the contrary, 주어 + 동사**

반대로, 모든 것이 좋아지고 있습니다.
On the contrary, everything is getting better.

Part 2는 Part 1에서 배운 기본기를 바탕으로 실제 영어로 내 생각을 말하는 연습을 해보는 파트이다. 매일 하나씩 총 27가지의 다양한 주제별 말하기 훈련을 통해 언제 어떤 상황에서도 논리적이고 자신있는 영어 말하기가 가능해진다.

1 Self Introduction 나에 대해 말하기
2 Daily Conversation 일상적인 대화
3 Discussion/Debate & Presentation
   사회적 이슈에 대한 내 의견 말하기

PART 2

Let's Speak

영어로 내 생각 말하기
실천 다이어리

1 Self Introduction
_ 나에 대해 말하기

1. Self Introduction
나에 대해 말하기

2. Daily Conversation
일상적인 대화

3. Discussion/Debate & Presentation
사회적 이슈에 대한 내 의견 말하기

DAY 01 자기소개하기

Please introduce yourself.
자기소개 해주세요

MINDSET 답변에 임하는 자세 갖추기

자기소개는 일상생활이나 면접 등에서 자신에 대한 첫 인상을 결정지을 수 있는 중요한 말하기이다. 1~2분 내외의 짧은 시간 안에 상대에게 자신에 대한 강한 인상을 남길 수 있어야 한다. 특히 진학을 위한 인터뷰에서 하는 자기소개라면 자신이 해당 학교에서 필요로 하는 자질, 능력을 갖춘 사람임을 압축적이고도 효과적으로 어필해야 한다. 이 질문이 마지막 질문일 경우에는 Thank you.라는 말도 잊지 말자. 면접에는 영어실력, 언변 못지않게 태도 역시 중요한 채점기준이다.

QUESTION 질문 유형

- **Please tell me about yourself.**
  자기소개 해주세요.

- **How would you describe yourself?**
  자기소개 좀 해주시겠어요?

- **What are your personal traits?**
  자기 성격을 말해보세요.

Step 1 Brainstorming _ 자기소개와 관련 있는 키워드 떠올리기

성격	개방적인 open-minded 정열적인 passionate 외향적인 outgoing 사람들과 잘 어울리는 people person 원만한 well-rounded 협동적인 cooperative 세밀한, 치밀한 careful
학교활동	학생회장 student council president 방송동아리 radio club 독서 동아리 book club 동아리에 가입하다 join a club 과외활동 extracurricular activities
취미	취미 hobby 방과 후에 after school 피아노를 치다 play the piano 악기를 연주하다 play a musical instrument 음악 듣는 것을 좋아하다 enjoy listening to music 수상 스포츠를 즐기다 enjoy water sports
봉사활동	봉사활동을 하다 do volunteer[voluntary] work at 양로원 nursing home 고아원 orphanage

Step 2 Pattern _ 어떤 공식으로 말할지 결정하기

서브토픽 공식

몇 가지 핵심 포인트를 정하고 이를 부연설명하는 방식이다. 자기소개에는 서브토픽 공식이 가장 많이 쓰인다. 성격, 학교활동, 봉사활동, 관심사 가운데 하나를 골라 구체적인 내용을 2~3가지 핵심 포인트로 나열하거나 각각을 핵심 포인트로 들어 종합적으로 소개할 수 있다.

입학과 관련된 면접의 경우는 자신의 장점이 될 만한 성격, 학교활동, 봉사활동, 앞으로의 포부를 중심으로 이야기한다. 편한 자리에서 친구들에게 자신을 소개하는 것이라면 친구들의 공감을 이끌어 낼 수 있는 관심사, 취미를 소개하는 것이 좋다.

Step 3 Point _ 강조하고 싶은 핵심 포인트 정리하기

서브토픽 공식을 이용해 자신이 어떤 사람인지에 대해 소개해본다.

Main Point 1	믿음직한 사람이 되고 싶음 trying to become a trustworthy person
Support	자신의 예(경험) 자신의 생각 및 학생회장 선출 경험
Main Point 2	결단력 있는 사람 a very determined person
Support	자신의 예(경험) 포기하지 않고 끝까지 해낸 경험

Step 4 **Outline** _ 핵심 포인트에 살을 붙여 스크립트 완성하기

서론

My name is Anna Choi. I'd like to introduce myself to you.
안녕하세요, 저는 안나 최입니다. 제 소개를 하겠습니다.

본론

Main Point 1 믿음직한 사람이 되고 싶음

I can say I am doing my best to become a trustworthy person.
저는 믿음직한 사람이 되려고 최선을 다하는 사람이라고 말할 수 있습니다.

Support 자신의 예(경험)

I value trust because I believe trust is vital to every relationship, such as love, friendship, and leadership. So I have made efforts to build trust with my parents, teachers and friends. For example, when I was in first grade, I was elected to the student council as president. I fulfilled all of my campaign pledges that year, which played a major role in my re-election when I entered second grade. No matter how small the promises were I did my best to keep all the promises I made with the parents and teachers.

제가 믿음을 가치 있게 생각하는 이유는 믿음이 사랑, 우정, 리더십 등 모든 관계에서 핵심이라고 믿기 때문입니다. 그래서 저는 부모님, 선생님, 친구들과 믿음을 쌓으려고 노력하고 있습니다. 예를 들어, 1학년 때 저는 학생회장으로 선출된 적이 있습니다. 저는 저의 선거 공약을 모두 지켰으며 2학년에 다시 뽑힐 수 있었습니다. 아무리 작은 약속이라도 부모님, 선생님과의 약속을 지키려고 최선을 다했습니다.

Tip 자신의 철학과 믿을 수 있는 사람이 되고자 했던 경험을 예로 들어준다.

Main Point 2 결단력 있는 사람

Also, I am a very determined person.

또한 저는 아주 결단력 있는 사람입니다.

Support 자신의 예(경험)

If there is a difficult math equation, I am the type of person who will continue working on the problem until the solution is found. The other day, I was in P.E. class playing basketball with my friends. I was not able to score any goals, so the following day, I began practicing basketball for three hours a day. Eventually, I became the best basketball player at our school. I can conclude that I am a determined person because I don't give up easily and because I am persistent.

만약 어려운 수학 방정식이 있다면 저는 답이 풀릴 때까지 멈추지 않습니다. 일전에는 체육시간에 친구와 농구를 했습니다. 한 골도 넣지 못해서 저는 다음 날부터 하루 3시간씩 농구 연습을 시작했습니다. 결국 저는 우리 학교 최고의 농구 선수가 됐습니다. 쉽게 포기하지 않고 끈기가 있기 때문에 저는 단호한 사람이라고 결론지을 수 있습니다.

Tip 자신의 주관적인 의견만 주장하면 설득력이 없다. 구체적인 경험을 제시하여 의견을 뒷받침해준다.

I think those characteristics describe me best.

저는 이런 성격이 저를 가장 잘 나타내준다고 생각합니다.

VOCABULARY

do one's best 최선을 다하다 | **trustworthy person** 신뢰할 수 있는 사람 | **value trust** 믿음을 가치 있게 생각하다 | **vital to every relationship** 모든 관계의 핵심 | **student council** 학생회 | **fulfill my campaign pledges** 선거 공약을 이행하다 | **keep promises** 약속을 지키다 | **determined** 단단히 결심한, 단호한 | **equation** 방정식 | **P.E.(physical education)** 체육 | **score goals** 골을 넣다 | **eventually** 결국, 마침내 | **conclude** 결론을 짓다, 끝맺다 | **persistent** 끈질긴 | **characteristic** 특징 | **describe** 묘사하다

LET'S SPEAK!

이번엔 내가 주인공이 되어 영어로 말해보자.

■ 서론

■ 본론

■ 결론

DAY 02 장점과 단점

What are your strengths and weaknesses?
당신의 강점과 약점은 무엇인가요?

MINDSET 　**답변에 임하는 자세 갖추기**

장점에 대한 질문은 지원자가 학교에 도움이 될 만한 인재인지 알아보려는 것이 핵심이다. 학교에 잘 적응할 수 있고, 나아가 학교의 발전에 기여할 수 있는 부분을 확실하게 어필하라. 반대로 단점에 대한 질문은 학교생활이나 학업에 있어 치명적인 단점이 있는지 알아보려는 목적이다. 학교 홈페이지나 선배들의 조언을 통해 학교에서 원하는 인재상에 맞게 이야기하는 것이 중요하다. 장점에 가까운 단점을 말하거나 단점을 개선해 나가려고 어떤 노력을 하고 있는지에 무게를 실어 단점을 장점으로 승화시키는 센스가 필요하다.

QUESTION 　**질문 유형**

- **Please describe your strengths and weaknesses.**
  당신의 강점과 약점을 알려주세요.

- **What is your strongest characteristic?**
  당신의 강점은 무엇인가요?

- **What is your weakest characteristic?**
  당신의 약점은 무엇인가요?

Step 1 Brainstorming _ 자신의 장단점과 관련 있는 키워드 떠올리기

성격 장점	외향적인 outgoing 긍정적인 positive 열정적인 passionate 추진력 있는 driven 목표지향적인 goal-oriented 성실한 diligent 충실한 faithful 독립적인 independent 적응 잘하는 adaptable
성격 단점	민감한, 예민한 sensitive 직선적인 straight forward 고집이 센 opinionated 우유부단한 indecisive 내성적인 introvert, reserved
자질/학업	리더십 leadership 소통 open communication ~에 대해 많이 아는 knowledgeable about 사려 깊은 considerate 포용하는 embracing 보통 학생 average student 우수한 학생 excellent student 수상하다 win the prize, receive awards 1등 1st prize 2등 2nd prize 3등 3rd prize
태도	태도 attitude 노력하다 make an effort ~로부터 항상 배우려고 하다 always try to learn from 감사하다 be thankful, appreciate 도전하는 사람 risk-taker, challenger

Step 2 **Pattern** _ 어떤 공식으로 말할지 결정하기

서브토픽 공식

장점 2가지와 단점 1가지 정도로 말하는 것이 좋다. 장점은 성격, 학업, 교내활동, 봉사활동 등을 말한다. 단점은 치명적이지 않은 것으로 신중히 선택한다. 단점을 말할 때는 반드시 단점을 개선하기 위해 어떤 노력을 하고 있는지도 함께 덧붙이는 것이 좋다.

Step 3 **Point** _ 강조하고 싶은 핵심 포인트 정리하기

서브토픽 공식을 이용해 협동적이고 외향적, 긍정적인 자신의 장점을 어필해보기로 한다.

Main Point 1	장점1: 협동적이고 팀에 기여 a team player, try to contribute to the group
Support	자신의 예(경험) 합창단원으로 배운 경험
Main Point 2	장점2: 친화력이 강한 성격 a people person
Support	자신의 예(경험) 청소년 캠프에 참여해 세계 각국의 친구와 사귐
Main Point 3	단점: 시간 관리를 잘 못함 need better time management skills
Support	부연설명(인용구) + 자신의 예 시험이나 과제시 시간 조절에 실패

Step 4 **Outline** _ 핵심 포인트에 살을 붙여 스크립트 완성하기

서론

Let me begin with my strengths.
저의 장점부터 말하겠습니다.

본론

Main Point 1 장점1: 협동적이고 팀에 기여
I am a team player and I always try to contribute to the group.
저는 팀워크를 잘하고 그 팀에 항상 기여하려고 노력합니다.

Support 자신의 예(경험)

I have been an active member of a choir club for the past three years. From that experience, I have learned how to cooperate with others. Aside from practicing music, the club members participate in volunteer work at nursing homes every month. We perform concerts for the elderly and help them go on walks. People have difficulty living alone and I want to help people in need.

3년 동안 저는 합창단에서 열심히 활동하고 있습니다. 그러한 경험을 통해서 사람들과 협동하는 방법을 배웠습니다. 노래 연습 외에도 합창단 단원들과 함께 매달 양로원에 봉사활동을 갑니다. 어르신들을 위해 작은 콘서트를 열고 산책하는 것을 도와드립니다. 사람은 혼자 살 수 없으며 저는 도움이 필요한 사람을 돕고 싶습니다.

Tip 협동심을 어떻게 배웠고, 지역사회에 어떤 기여를 했는지 구체적인 사례를 들어준다.

Main Point 2 장점 2: 친화력이 강한 성격
Secondly, I think of myself as a people person. I'm not afraid to make new friends.
둘째로, 저는 친화력이 강하다고 생각합니다. 저는 새로운 친구를 사귀는 데 두려움이 없습니다.

Support 자신의 예(경험)

I get along with people from different backgrounds, faiths, and personalities. For example, back in middle school I participated in a youth camp in America. The participants were teenagers from 10 different countries. I had no difficulty mingling with them and we became friendly quickly. We are still friends and still keep in contact with each other.

저는 다양한 배경, 종교, 성격을 가진 사람들하고 잘 지냅니다. 예를 들어, 저는 중학교 시절 미국에서 청소년 캠프에 참여했었습니다. 참가자들은 10여국에서 온 학생들이었습니다. 저는 그들과 어울리는 데 어려움이 없었고 우리는 빠르게 친구가 됐습니다. 저는 아직도 그 친구들과 서로 연락하며 지냅니다.

> **Tip** 구체적인 자신의 경험을 들어 자신이 어떤 강점을 가지고 있는지 설명한다.

Main Point 3 단점: 시간 관리를 잘 못함

On the other hand, I need better time management skills.

반면에 저는 시간 관리를 잘하는 기술을 길러야 합니다.

Support 부연설명(인용구) + 자신의 예

There is a saying, "One always has enough time, if one applies it well." Everyone has the same amount of time. What's important is how we use that time. When studying, I should divide my time properly. To do this, I have been creating a studying plan and do my best to follow it.

"사람들은 충분한 시간이 있다. 만약 제대로만 사용한다면 말이다."라는 격언이 있습니다. 모든 사람들은 똑같은 양의 시간을 가지고 있습니다. 중요한 것은 그 시간을 어떻게 활용하느냐 입니다. 저는 공부할 때 시간을 제대로 나눠 써야 합니다. 이를 위해서 공부 계획을 세우면서 계획에 따르려고 최선을 다하고 있습니다.

> **Tip** 단점을 말할 때는 이를 보완하기 위해 어떤 노력을 할 것인지 언급해준다.

Those are my strengths and weaknesses. I will strive to do my best and improve on the areas which need to be fixed.

이것이 저의 강점과 단점입니다. 저는 고쳐야 할 부분에 대해서 최선을 다해 노력하고 있습니다.

VOCABULARY

begin with ~로 시작하다 | **contribute to** ~에 기여하다 | **active** 적극적인, 활동적인 | **cooperate with** ~와 협력하다 | **volunteer work** 봉사활동 | **nursing home** 양로원 | **perform** 공연하다. (과제, 의무 등을) 행하다 | **people person** 사람들과 어울리기를 좋아하는 사람 | **get along with** ~와 잘 어울리다 | **mingle** 섞이다, 어우러지다 | **quickly** 빨리 | **on the other hand** 반면에 | **time management skills** 시간관리 기술 | **apply** 적용하다, 신청하다 | **properly** 알맞게 | **strength** 강점 | **weakness** 약점 | **strive** 노력하다, 애쓰다

LET'S SPEAK!

이번엔 내가 주인공이 되어 영어로 말해보자.

■ 서론

■ 본론

■ 결론

DAY 03 지원동기

Why did you apply to our high school?
우리 고등학교에 지원한 동기는 무엇인가요?

MINDSET 답변에 임하는 자세 갖추기

학교를 선택한 이유를 묻는 질문 역시 면접의 단골질문이다. 먼저 자신에 대해 생각해보고 왜 이 학교에 지원을 하는지, 이 학교에 내가 원하는 것이 무엇이 있고 어떤 점이 잘 맞아 떨어지는지를 생각해야 한다. 뿐만 아니라 학교에 대한 지식, 학교에서 요구하는 인재상을 알아두는 등 학교 관련 정보도 충분히 알아보고 자신의 니즈와 비교해본다. 학교생활에서 내가 가진 능력 및 역량이 어떻게 발휘될 수 있는지, 내가 어떻게 성장하고 배워나갈 것인지를 효과적으로 어필해야 한다. 면접관의 입장에서 어떤 답변이 호감을 줄 수 있는지 잘 생각해보고 답한다.

QUESTION 질문 유형

- **How did you hear about us?**
  이 학교에 대해 어떻게 알게 된 거예요?

- **What are your expectations from this school?**
  이 학교에서 기대하는 바는 무엇인가요?

- **Why did you decide to apply to this school?**
  이 학교에 지원한 이유는 무엇인가요?

Step 1 **Brainstorming** _ 주제와 관련 있는 키워드 떠올리기

학교의 장점	장점 strengths, strong points 분위기 atmosphere 프로그램 programs ~에 적합한 suitable for A에게 B를 제공하다 provide A with B ~에 특화되어 있다 be specialized in 우수한 교수진[선생님] excellent faculty[teachers] 높은 명성 high reputation 선배들 seniors 후배들 juniors 과학 연구 scientific research
비전/꿈	비전 vision, dream, goal 열정 passion 공유하다 share 기회 chance 실현되다 come true ~에 관심이 있다 be interested in
자격요건	자격요건 qualification 입학요건 entrance requirement 자격요건을 맞추다 meet the requirements ~을 요구하다 require 평점 GPA (grade point average)
좋아하는 과목	생물학 biology 물리 physics 수학 math 음악 music 언어 language 미술 art

Step 2 | Pattern _ 어떤 공식으로 말할지 결정하기

서브토픽 공식

학교에 지원하는 이유 2~3가지를 핵심 포인트로 잡아 부연설명하는 말하기가 가능하다. 지원동기를 말하려면 우선 지원하는 학교에 대한 정보를 알아둘 필요가 있다. 수업은 어떤지, 선배들은 어떤지, 평판은 어떤지 등을 알고 나면 자신이 이 학교에 가고 싶은 이유를 보다 명확히 설명할 수 있다.

커리큘럼이 뛰어나서 혹은 선생님이 좋아서 선택할 수도 있고, 자신이 공부하고자 하는 방향과 맞는 특수학교라서 지원할 수도 있다. 학교의 장점을 알아보고, 그것이 어떻게 자신의 비전과 맞는지 설명하면 된다.

Step 3 | Point _ 강조하고 싶은 핵심 포인트 정리하기

자신이 외고에 지원했다고 생각하고 서브토픽 공식을 이용해 지원동기가 무엇인지 할 말을 정리해본다.

Main Point 1	다양한 언어 배움의 기회 interested in studying multiple foreign languages
Support	자신의 예(견해) 자신의 관심사와 학교의 특성화 매치
Main Point 2	미국 유학을 원함 want to study abroad in America
Support	객관적 근거(뉴스) + 주변의 예(견해) 훌륭한 교수진, 유학 간 학교 선배들 사례

Outline _ 핵심 포인트에 살을 붙여 스크립트 완성하기

Studying in this high school is one of my dream goals in life.
이 고등학교에서 공부하는 것은 제가 꿈꾸는 인생 목표 중 하나입니다.

Main Point 1 다양한 언어 배움의 기회
Firstly, I am very interested in studying various languages.
첫째로 저는 다양한 언어를 공부하는 데 관심을 아주 많이 가지고 있습니다.

Support 자신의 예(견해)

Through learning multiple languages, I can improve my critical thinking skills and make new friends all over the world. It is not just about learning new languages; it's about experiencing new cultures and developing myself as a global leader. Attending your school will help me accomplish my dream by broadening my view of the world and giving me insight to world issues.

다양한 언어를 배우면서 저는 비판적 사고력을 확장하고 전 세계에 있는 친구들을 사귈 수 있습니다. 이는 단지 새로운 언어를 배운다는 것을 넘어 많은 문화를 경험하고 저를 글로벌 리더로 성장시킬 것입니다. 귀교는 세계를 바라보는 시각을 넓히고 세계적인 이슈들에 대한 통찰력을 키워 저의 꿈을 달성할 수 있도록 도와줄 것입니다.

Tip 자신의 철학과 평소의 생각으로 부연설명한다.

Main Point 2 미국 유학을 원함

My goal is to one day study abroad in America.
제 목표는 언젠가 미국에서 공부하는 것입니다.

Support 객관적 근거(뉴스) + 주변의 예(견해)

I heard that this school has a prestigious program that prepares students who wish to go abroad. I read in the newspaper that 30% of the graduates attend U.S. universities. In three years, I want to be part of that statistic. In addition, one of my friend's sisters is a graduate from this school. She speaks very highly of it by saying that the teachers are of the highest caliber.

이 학교는 외국 유학을 원하는 학생들이 준비할 수 있는 뛰어난 프로그램을 가지고 있다고 들었습니다. 이 학교 졸업생들의 30퍼센트가 미국의 대학에 다닌다는 신문기사를 읽었습니다. 3년 내에 저도 그 일원이 되고 싶습니다. 더불어 이 학교 졸업생인 친구의 언니가 선생님들이 자질이 우수하다며 학교를 매우 칭찬하였습니다.

Tip 뉴스를 통해서나 주변 지인을 통해 들은 학교 정보를 이용한다.

If I am accepted into this institution, I will do my best to become an excellent student by developing both my academic and professional careers.
제가 이 학교에 뽑힌다면 학업과 전문적인 커리어를 쌓는 우수한 학생이 되도록 최선을 다할 것입니다.

VOCABULARY

| be interested in ~에 관심이 있다 | multiple 많은, 다양한 | critical thinking 비판적 사고 | accomplish 성취하다 | broaden 확장하다, 넓히다 | insight 통찰력 | prestigious 일류의, 높은 | graduate 대학 졸업자 | attend 참석하다, 다니다 | in addition 게다가, 더불어 | speak highly of ~을 칭찬하다, 높이 평가하다 | caliber 자질 | institution 기관, 단체 | excellent 뛰어난 | acdemic 학업의, 학구적인 | career 경력, 직업 |

LET'S SPEAK!

이번엔 내가 주인공이 되어 영어로 말해보자.

■ 서론

■ 본론

■ 결론

DAY 04 꿈/장래희망

What is your dream?
꿈이 무엇인가요?

MINDSET
답변에 임하는 자세 갖추기

장래희망에 대한 질문은 지원자의 목표와 비전, 앞으로의 학업 및 진로계획 등을 알아보기 위한 질문이다. 과학고에 진학하는 학생이라면 과학이나 수학 분야와 관련된 장래희망을 말하는 것이 설득력이 있을 것이다. 뚜렷한 목표가 있음을 밝히고 꿈을 이루기 위해 어떤 노력을 하고 있는지 구체적인 사례를 들어 설명하는 것이 좋다. 진로를 일찍 정하고 그와 관련된 포트폴리오를 착실히 준비한다면 입시 면접이나 취업 면접 등 어디에서나 환영받는 인재가 될 수 있다.

QUESTION
질문 유형

- **Tell me about your dream.**
  꿈에 대해 말해보세요.

- **How do you plan on achieving your goal?**
  목표를 이루기 위해 어떻게 계획을 세우나요?

- **What are your goals?**
  어떤 목표를 가지고 있나요?

Step 1 Brainstorming _ 주제와 관련 있는 키워드 떠올리기

관심분야	~에 관심을 가지다 be interested in ~에 호기심을 가지다 be curious about 관심 attention, concern, deep interest 발전하다 develop, improve 전도유망한 promising
직업	철학자 philosopher 물리학자 physicist 수학자 mathematician 심리학자 psychologist 사회학자 sociologist 의사 doctor 연구자 researcher
꿈을 위한 노력	계속해서 ~하다 I keep on -ing ~하려고 애쓰고 있다 I have been trying to + 동사원형 ~하려고 노력할 것이다 I will make an effort to + 동사원형

Step 2　Pattern _ 어떤 공식으로 말할지 결정하기

서브토픽 공식

장래희망에 대해 이야기하는 경우에는 자신의 장래희망이 무엇인지, 그러한 장래희망을 갖게 된 동기는 무엇이며 이를 달성하기 위해 어떤 노력을 하는지 등을 핵심 포인트로 하여 말할 수 있다. 선생님, 부모님 등 주위 사람들의 견해를 곁들여서 장래희망을 이루기 위해 얼마나 노력하고 있는지 어필하는 것도 좋다.

Step 3　Point _ 강조하고 싶은 핵심 포인트 정리하기

서브토픽 공식을 이용해 자신의 장래희망에 대해 할 말을 정리해본다.

Main Point 1	인간 내면에 대한 관심 interest in the human mind
Support	주변의 예(견해) + 부연설명 친구들이 종종 상담을 요청함
Main Point 2	열심히 공부 study hard
Support	부연설명 + 자신의 예 의대 입학의 어려움, 공부에 대한 의지와 방법

Step 4 **Outline** _ 핵심 포인트에 살을 붙여 스크립트 완성하기

서론

My dream is to be a psychiatrist who specializes in youth counseling.
저의 꿈은 청소년상담 전문 정신과의사가 되는 것입니다.

본론

Main Point 1 인간 내면에 대한 관심
I have always had an interest in the human mind.
저는 항상 인간의 내면에 관심이 있기 때문입니다.

Support 주변의 예(견해) + 부연설명
Most of my friends come and ask for advice whenever they are in trouble. They often say that I am a good listener and they feel better after talking to me. Also, I have read an article that states that suicide rates among the youth in South Korea is rapidly increasing. Most of them are suffering from stress related to studying or being bullied. As a teenager, I can truly say that there is a lot of pressure. What we really need is someone to talk to about our issues. As such, I would like to be that "someone" that teenagers could talk to.

대부분의 친구들이 문제가 생길 때마다 저한테 조언을 구합니다. 친구들은 제가 이야기를 잘 들어주며 저한테 말하고 나면 한결 기분이 나아진다고 합니다. 또한 한국 청소년들의 자살이 급증하고 있다는 기사를 읽기도 했습니다. 대부분은 학업 스트레스나 왕따로 고통 받고 있습니다. 저도 10대이기에 그들이 엄청난 압박감을 가지고 있다고 말할 수 있습니다. 우리가 필요한 것은 우리의 문제에 대해서 말할 수 있는 사람입니다. 저는 바로 그런 사람이 되고 싶습니다.

Tip 직업에 흥미를 가지게 된 동기를 들어준다.

Main Point 2 열심히 공부

However, to achieve my dreams, I must study hard.
그러나 꿈을 이루기 위해서는 공부를 열심히 해야 됩니다.

Support 부연설명 + 자신의 예

Psychiatrists are doctors, which means that I would need to enter medical school. In Korea, entering medical school is very competitive and only the top students can enter. Unfortunately, I am not at the top of my class, but I will do my best to improve my grades to qualify for medical school. There is a saying, "No pain, no gain." Recently, I started to watch Math and English lectures on the internet and expect to score better in those subjects.

정신과 의사도 의사입니다. 의대에 들어가야 한다는 말이지요. 한국에서 의과대학에 들어가는 것은 경쟁이 매우 심하고 최상위의 학생들만 들어갈 수 있습니다. 안타깝게도 아직 저는 그렇지 못하지만 의대에 들어갈 자격이 되도록 성적을 올리는 데 최선을 다할 것입니다. "고통이 없으면 얻는 것도 없다"는 말이 있습니다. 최근에 저는 인터넷으로 수학과 영어 강의를 듣기 시작했으며 두 과목의 성적이 오를 것을 기대하고 있습니다.

Tip 꿈을 이루려는 의지나 방법을 구체적으로 들어주면 면접시 어필할 수 있다.

결론

It's not easy to be a psychiatrist, but I'm sure that my dream will come true because of my passion and efforts.
정신과 의사가 되는 것이 쉽지 않겠지만, 저의 열정과 노력으로 제 꿈이 실현될 거라고 확신합니다.

Tip 자신의 꿈을 꼭 이루어내겠다는 확고한 의지를 보여준다.

VOCABULARY

psychiatrist 정신과 의사 | specialize in ~을 전문으로 하다 | youth counselor 청소년 상담가 | have an interest in ~에 관심이 있다 | ask for advice 조언을 구하다 | be in trouble 곤란을 겪다 | article 기사 | suicide rate 자살률 | rapidly 급속히 | suffer from ~로 고생하다 | be bullied 따돌림 당하다 | pressure 압박감 | medical school 의대 | competitive 경쟁적인 | improve one's grade 성적을 올리다 | be qualified for ~에 자격이 있다 | no pain, no gain 고통이 없으면 얻는 것도 없다 | lecture 강의, 수업 | passion 열정 | effort 노력

LET'S SPEAK!

이번엔 내가 주인공이 되어 영어로 말해보자.

■ 서론

■ 본론

■ 결론

DAY 05 나의 경쟁력

Why should we accept you?
우리가 학생을 뽑아야 하는 이유는?

MINDSET 대화에 임하는 자세 갖추기

다른 지원자들과 비교해 나의 경쟁력은 무엇일까? 이 질문에 자신 있게 답하려면 지원학교에서 요구하는 인재상에 대한 분석과 이미 다니고 있는 선배의 조언을 구하는 등 사전준비가 선행되어야 한다. 학교의 인재상에 맞춰 자신의 성격이나 학업, 아르바이트, 봉사활동 등의 경험이 학교에 도움이 될 수 있음을 잘 어필한다. 국제중·고와 외고는 저마다 글로벌 시대의 리더를 키운다는 목표를 갖고 있다. 따라서 세계화 시대를 어떻게 개척해 나갈 것인가와 개인적 포부를 연결시키는 것이 면접의 성공 포인트이다. 특히 국제고 지망생은 구체적으로 본인이 희망하는 대학전공과 이를 통해 무엇을 이루겠다는 비전을 제시하는 것이 핵심이다.

QUESTION 질문 유형

- **What qualities do you feel you would bring to our school?**
  어떤 자질을 가지고 있나요? (어떤 자질들을 우리 학교에 가져올 수 있나요?)

- **What differentiates you from other candidates?**
  다른 지원자들과 차별화되는 점은 무엇인가요?

- **What can our school offer you that other schools can't?**
  우리 학교의 어떤 점 때문에 지원했나요?

Step 1 Brainstorming _ 관련 있는 키워드 떠올리기

자격요건	자격요건 qualifications 뛰어나다 stand out 뛰어난 outstanding 자격요건에 부합하다 meet the qualifications
사회기여/ 봉사활동	~에 기여하다 contribute to 자원 봉사하다 do volunteer work 지역사회 community ~와 협동하다 cooperate with 양로원 nursing home
꿈/목표	꿈, 목표 dream, goal 비전 vision 세계적인 리더 worldwide leader, global leader 개인 목표 personal goal 학교의 비전 school vision

Step 2 **Pattern** _ 어떤 공식으로 말할지 결정하기

서브토픽 공식

다른 친구들과 차별화될 수 있는 나만의 경쟁력(강점) 몇 가지를 핵심 포인트로 잡고 그렇게 생각하는 이유를 부연설명하면 된다. 이때 나의 경쟁력에 대한 이유는 자신의 의견뿐 아니라 주변의 말이나 실제 경험 등을 덧붙여 상대방에게 설득력 있게 설명해야 한다.

Step 3 **Point** _ 강조하고 싶은 핵심 포인트 정리하기

서브토픽 공식을 활용하여 나의 경쟁력에 대해 할 말을 정리해보자.

Main Point 1	리더십 자질 develop my leadership skill
Support	자신의 예(경험) 학급 반장과 학교 동아리의 리더를 수행한 경험
Main Point 2	목표지향적이고 체계적인 goal-oriented and organized
Support	자신의 예(경험) 영어 말하기 대회에서 수상한 경험과 배운 점

Step 4 Outline _ 핵심 포인트에 살을 붙여 스크립트 완성하기

서론

I am a person who is always eager to learn and strives for growth. I believe that your school is searching for candidates with those traits and with potential to grow as a global leader.

저는 항상 배우고 성장하려는 사람입니다. 귀교는 그러한 자질과, 글로벌 리더로서의 잠재력을 가지고 있는 사람을 찾고 있다고 생각합니다.

Tip 지원학교의 인재상을 언급하면 지원학교에 대한 관심과 인터뷰에 대한 준비성을 보여줄 수 있어 좋다.

본론

Main Point 1 리더십 자질

Firstly, I have developed my leadership.

첫째, 저는 리더십 자질을 길러왔습니다.

Support 자신의 예(경험)

I have served as the student council president for the past three years. I have taken many leadership positions in various extracurricular activities at school. As a leader, I have faced and overcome a number of new challenges and obstacles. I have gained valuable leadership qualities, such as effective communication, teamwork, time management techniques, and problem-solving skills. With these skills I learned, I will push myself to the limits in order to become a global leader who specializes in international relations.

저는 지난 3년 동안 학생회장을 했고, 다양한 학교 동아리에서도 리더 역할을 맡아왔습니다. 저는 리더로서 수많은 도전과 어려움에 직면하고 극복했습니다. 저는 효과적인 커뮤니케이션, 팀워크, 시간 관리 및 문제 해결 기술 등 소중한 리더십 자질들을 배우게 됐습니다. 저는 이러한 스킬들로 국제 관계에서 전문적인 글로벌 리더가 되기 위해 열심히 노력할 것입니다.

Tip 어떤 경험이든 배울 점이 있다. 자신의 자질을 뒷받침하기 위해서는 경험을 통해 배운 교훈이 가장 효과적이다.

Main Point 2 목표지향적이고 체계적인

Secondly, I am goal-oriented and organized. If I set goals, then I always plan strategically and work towards my goals.

둘째, 저는 목표지향적이고 체계적인 사람입니다. 목표를 세우면 항상 전략적으로 계획을 세우고 그 목표를 위해 노력합니다.

Support 2 자신의 예(경험)

For example, several months ago, I decided to compete at an English speech contest at school. I did my best to prepare and won second place. At the competition, there were many students who lived abroad when they were younger, but I was not intimidated. I focused on my goals and prepared to the best of my abilities. I believe your school seeks such goal-oriented students like myself.

예를 들어, 몇 달 전에 저는 학교에서 영어 말하기 대회에 나가겠다고 결심했습니다. 저는 최선을 다해 준비했고, 2등을 했습니다. 그 대회에는 어릴 적 해외에서 살다온 학생들도 많이 있었지만 저는 위축되지 않았습니다. 제 목표에 집중했고, 제가 가진 실력으로 최선을 다했습니다. 귀교는 저같이 스스로 배우는 학생을 원한다고 생각합니다.

Tip 구체적인 경험을 예로 들어서 설득력 있게 설명하고 있다.

결론

I have the potential to grow and develop at this school because of my character. I am persistent when pursuing a goal. I believe this mindset differentiates me from my peers.

저의 이런 성격 때문에 저는 이 학교에서 성장하고 발전할 수 있는 잠재력을 가지고 있습니다. 저는 끈기 있게 목표를 추구합니다. 이러한 마음가짐이 다른 친구들과 저를 차별화한다고 생각합니다.

VOCABULARY

strive for growth 성장을 추구하다 | candidate 후보자 | serve 근무하다, 일하다 | student council president 학생회장 | leadership 리더십 | extracurricular 과외의 | face 직면하다 | overcome 극복하다 | obstacle 어려움, 장애 | time management technique 시간관리 기술 | push oneself to the limits 자신을 한계까지 밀어붙이다, 열심히 노력하다 | goal-oriented 목표 지향적 | organized 체계적인 | competition 대회 | be intimidated 위축되다 | focus on ~에 집중하다 | potential 잠재력 | differentiate 차별화하다 | peer 동기, 또래

LET'S SPEAK!

이번엔 내가 주인공이 되어 영어로 말해보자.

■ 서론

■ 본론

■ 결론

영어로 내생각 말하기

2 Daily Conversation
_ 일상적인 대화

1. **Self Introduction**
   나에 대해 말하기

2. **Daily Conversation**
   일상적인 대화

3. **Discussion/Debate & Presentation**
   사회적 이슈에 대한 내 의견 말하기

DAY 06 안부 인사

How have you been?
어떻게 지내세요?

MINDSET 답변에 임하는 자세 갖추기

오랜만에 친구나 지인과 만나 안부를 주고받을 때가 있다. 어떻게 지냈냐는 상대의 인사에 "잘 지내.(I'm fine.)", "요즘 좀 바빴어 (I've been busy these days.)"라고 짧게 대답하고 넘어갈 수도 있겠지만, 이럴 때 간단하게라도 자신의 근황을 말해보는 것은 어떨까?

QUESTION 질문 유형

- **How have you been?**
  어떻게 지내세요?

- **How are you doing lately?**
  요즘 어떻게 지내세요?

- **What have you been up to lately?**
  어떻게 지내셨어요?

Step 1 Brainstorming _ 주제와 관련 있는 키워드 떠올리기

건강상태	컨디션[건강]이 좋다 in good shape[health] 피곤하다, 지치다 get tired[exhausted] 감기에 걸리다 catch a cold
학업	바쁜 hectic 공부로 바쁘다 be busy with study 시험기간 exam period 학원에 다니다 go to an institute 기말 시험을 준비하다 prepare for the final exam 일기를 쓰다 keep a diary 시간에 쫓기다 press for time
취미	취미 hobby, pastime 악기 musical instrument 에너지 energy 활력 vitality 도전적인 challenging ~에 빠지다 get into something, get hooked on ~의 열렬한 팬이다 be a big fan of ~에 관심이 있다 be interested in

Step 2　Pattern _ 어떤 공식으로 말할지 결정하기

서브토픽 공식

어떻게 지냈냐는 질문에는 서브토픽이 되는 학업, 취미, 건강상태, 가족이나 기타 개인생활을 핵심 포인트로 답할 수 있다. 예를 들어, 최근에 열심히 공부하고 있는 과목이나 한창 몰두하고 있는 취미활동을 핵심 포인트로 정했다면 흥미를 가지게 된 이유와 자신만의 노하우, 그로 인한 효과 등을 서브토픽 공식을 이용해 언급하면 된다.

Step 3　Point _ 강조하고 싶은 핵심 포인트 정리하기

서브토픽 공식을 이용해 영어공부와 취미활동으로 바쁜 나의 근황에 대해 할 말을 정리해본다.

Main Point 1	영어공부를 하고 있음 studying English
Support	자신의 예 영어 방송 프로그램을 듣고 영어 일기를 쓰고 있다.
Main Point 2	새로운 취미를 가짐 busy with a new hobby
Support	자신의 예 플루트 연주를 취미로 가지면서 얻는 점

Outline _ 핵심 포인트에 살을 붙여 스크립트 완성하기

서론

I've been so busy recently, but I enjoy this life style.
요즘 정말 바쁘기는 하지만 이런 생활이 즐거워요.

> **Tip** '바쁘다', '한가하다', '무슨 일이 있었다' 등 자신의 근황을 대표할 말을 먼저 언급한다. 바쁘다고 하면 왜 바쁜지 질문이 나올 수 있으므로 이에 대비한 구체적인 대답도 함께 준비할 것!

본론

Main Point 1 영어공부를 하고 있음

Lately, the reason why I've been so busy is because I've been studying English.
제가 바쁜 이유는 요즘 영어 공부를 열심히 하기 때문입니다.

Support 자신의 예

Upon watching Ms. Rah's presentation, who was a spokesperson for the Pyeongchang 2018 Winter Olympics Promotion Committee, I set a goal for myself to become an international spokesperson like Ms. Rah. In order to pursue my goals, I began listening to the KBS Good Morning show and the EBS English conversation program every day. In addition, I write in a journal every night to improve my language abilities.
평창 올림픽 유치 위원회의 대변인인 나승연 씨가 프레젠테이션 하는 것을 보고 저도 그분과 같은 국제적인 대변인이 되는 것으로 목표를 정했습니다. 목표를 이루기 위해 저는 매일 KBS 굿모닝 쇼와 EBS 영어회화 프로그램을 청취하고 있습니다. 또한 언어 실력을 기르기 위해 매일 저녁에 일기를 쓰고 있습니다.

> **Tip** 공부를 열심히 하게 된 계기가 있다면 언급해 주고 구체적인 공부 방법도 함께 소개한다.

Main Point 2 새로운 취미를 가짐

The other thing that keeps me busy is my new hobby.

또 제가 바쁜 이유는 새로운 취미 때문이기도 합니다.

Support 자신의 예

Recently, I began learning the flute. Although it's challenging, playing a musical instrument energizes me. The commitment required to learn the flute is very high. Even though classes are every Saturday, I enjoy attending them because it relieves my stress.

최근에 플루트를 배우기 시작했습니다. 어렵지만 한번 도전해 볼 만하고 악기를 다루는 것이 저에게 에너지를 줍니다. 매주 토요일마다 플루트 수업을 듣느라 감수해야 할 것도 많지만 이를 통해 스트레스를 해소할 수 있어 즐겁게 참여하고 있습니다.

> **Tip** 취미생활에 대해 알려주면서 그것을 배우게 된 계기와 왜 좋아하는지에 대해서 언급했다. 듣는 사람이 여러분의 취미에 흥미를 가진다면 구체적인 얘기나 간단한 에피소드를 곁들여주는 것도 좋다.

Although my life is hectic, I enjoy feeling myself grow while experiencing a refreshing break from a busy life. How about you? Are you busy as well?

비록 제 생활이 바쁘지만, 저는 정말 바쁜 와중에 기분전환을 즐기면서 제 자신이 성장하는 걸 즐기고 있습니다. 어떠세요? 저와 같이 바쁘신가요?

> **Tip** 바쁘지만 공부, 취미 모두 즐기고 있다며 자신의 느낌을 이야기하며 맺는다. 상대방은 어떻게 지내는지 질문을 해볼 수도 있다.

VOCABULARY

recently 최근 | enjoy life 인생을 즐기다 | the reason why ~ is that ... ~한 이유는 …이다 | spokesperson 대변인 | professional 전문가 | in order to ~하기 위해서 | pursue one's goal 목표를 추구하다 | listen to ~을 청취하다 | write in a journal 일기를 쓰다 | play a musical instrument 악기를 연주하다 | energize 활기를 북돋우다 | commitment 전념, 헌신 | relieve stress 스트레스를 풀다 | hectic 몹시 바쁜 | refresh 생기를 되찾게 하다 | how about you? 당신은 어때요?

LET'S SPEAK!

이번엔 내가 주인공이 되어 영어로 말해보자.

■ 서론

■ 본론

■ 결론

DAY 07 음식 추천

What kind of foods would you recommend to foreigners?

외국인에게 어떤 음식을 추천하고 싶나요?

MINDSET   **대화에 임하는 자세 갖추기**

여러분의 외국인 선생님이나 외국인 친구에게 소개하고 싶은 음식은 무엇인가? 한국에서도 세계 각국의 다양한 음식을 맛볼 수 있지만, 역시 한국 고유의 맛을 느낄 수 있는 음식을 선보이고 싶을 것이다. 언제 어디서라도 자신 있게 외국인에게 소개할 음식 한두 가지와 그 음식의 재료, 만드는 방법, 먹는 법 등을 영어로 준비해두자. 요리책처럼 장황하게 말할 필요는 없고 어떤 음식인지 재료와 조리법 정도만 간략히 설명해주면 된다.

QUESTION   **질문 유형**

- What food best represents South Korea?
  한국의 대표 음식은 무엇인가요?

- I would like to try a Korean dish that isn't too spicy. What would you recommend?
  한국 음식 중에 맵지 않은 음식을 먹고 싶습니다. 어떤 것을 추천하나요?

- Would you be kind enough to recommend several nice Korean restaurants?
  괜찮은 한국 음식점을 추천해주시겠어요?

Step 1 Brainstorming _ 주제와 관련 있는 키워드 떠올리기

요리법	튀기다 fry 얇게 썰다 slice 자르다 cut 깍둑 썰다 dice 휘젓다 stir 양념으로 재다 marinate 지글지글 굽다 sizzle 섞다 mix
음식의 맛	짠 salty 싱거운 bland 달콤한 sweet 단 sugary 매운 hot 신 sour 진한 thick
음식 재료	한국 전통소스 Korean traditional sauce 된장 doenjang. fermented soybean paste 고추장 gochujang. red chili paste 간장 soy sauce 후추 black pepper 참기름 sesame oil
한국음식명	불고기 grilled marinated beef 삼겹살 grilled pork strips 갈비 grilled beef short ribs 잡채 beef and vegetable noodle 비빔밥 beef and mixed vegetable rice 김치찌개 kimchi-jjigae. kimchi stew 된장찌개 doenjang-jjigae. soy bean stew, bean paste stew

Step 2 Pattern _ 어떤 공식으로 말할지 결정하기

서브토픽 공식

가장 추천하고 싶은 요리 한 가지만 소개할 경우에는 해당 음식에 대한 핵심 정보 몇 가지만 간략히 말하면 된다. 추천하고 싶은 음식이 불고기라면 불고기가 어떤 음식인지를 재료, 만드는 방법, 먹는 법 등으로 나눠 설명할 수 있다.

추천하고 싶은 음식이 둘 이상인 경우에는 각 음식을 핵심 포인트로 잡아서 설명하면 된다. 요리 강습도 아닌데 지나치게 자세한 설명은 부담스럽다. 상대방이 한국 음식에 대해 전혀 모를 경우 핵심사항만 최대한 압축해서 말한다. 예컨대 갈비와 비빔밥을 소개하기로 결정했다면 음식 재료와 만드는 방법, 그리고 먹는 방법 정도만 이야기한다. 먹는 방법은 음식이 나왔을 때 직접 시범을 보이며 말하는 것도 좋다.

Step 3 Point _ 강조하고 싶은 핵심 포인트 정리하기

추천하고 싶은 요리를 불고기, 비빔밥 두 가지로 정하고 서브토픽 공식을 이용해 할 말을 정리해본다.

Main Point 1	불고기 bulgogi
Support	부연설명 불고기의 재료와 조리법, 먹는 방법 소개 (ingredient, recipe, how to eat)
Main Point 2	비빔밥 bibimbap
Support	부연설명 비빔밥의 재료와 조리법, 먹는 방법 소개

Step 4 **Outline** _ 핵심 포인트에 살을 붙여 스크립트 완성하기

서론

I would like to recommend two main dishes: Bulgogi and bibimpbap.
추천하고 싶은 두 가지 음식은 불고기와 비빔밥입니다.

> **Tip** 외국인에게 한국 음식을 추천해줄 때는 자신이 좋아하는 음식도 좋지만, 한국을 대표할 만한 전통 음식이나 외국인의 입맛에 맞을 만한 음식을 골라서 추천하는 것이 좋다.

본론

Main Point 1 불고기
First of all, bulgogi is one of the most popular Korean dishes. Let me briefly explain how to make this dish.
먼저, 불고기는 외국인들 사이에 가장 인기 있는 음식 중 하나입니다. 간단하게 들어가는 재료와 만드는 방법을 소개해보겠습니다.

Support 부연설명(재료, 조리법, 먹는 방법)
The main ingredient is beef. The beef is marinated for several hours with soy sauce, sesame oil, minced garlic, black peppers and wine with a little bit of sugar. bulgogi can be either grilled or pan-fried. This dish is usually served with a side of lettuce, spinach, or another leafy vegetable. You can eat bulgogi with rice or neatly wrapped in a leafy vegetable.
주재료는 소고기입니다. 소고기는 간장, 참기름, 다진 마늘, 후추, 설탕을 약간 섞은 와인에 몇 시간 정도 재워둡니다. 이 음식은 보통 상추, 시금치 또는 쌈 야채 등과 제공되죠. 불고기는 밥과 먹거나 소스와 함께 쌈을 싸서 먹을 수 있습니다.

> **Tip** 채식주의자도 많고 특정 재료에 알레르기를 일으킬 수도 있으니 조리법과 재료를 설명해주는 것이 좋다.

Main Point 2 비빔밥

The next dish is bibimbap.
다음은 비빔밥입니다.

Support 부연설명(재료, 조리법, 먹는 방법)

Bibimbap literally translates to "mixed rice or "mixed meal" in Korean. To begin, you'll need a bowl of steamed rice. On top of that, you will place cooked and already seasoned vegetables with ground beef. Finally, you would add gochujang (Korean red pepper paste). Depending on your taste, more gochujang can be added to enhance flavor. The vegetables involved with making this dish can vary. However, the most important key component is the ability to mix all the ingredients together thoroughly before eating.

비빔밥이란 것은 문자 그대로 '비벼진 밥' 또는 '비벼진 식사'란 뜻입니다. 먼저, 밥 한 공기가 필요합니다. 밥 위에 양념을 한 야채와 다진 쇠고기를 놓습니다. 마지막으로 고추장을 넣어줍니다. 고추장은 입맛에 따라 추가하면 됩니다. 야채는 다양하게 들어갈 수 있습니다. 하지만 모든 재료들을 먹기 전에 잘 섞어주시는 게 가장 중요합니다.

> **Tip** 예전에 모 항공사에서 비빔밥과 미역국을 기내식으로 주었더니 외국인이 비빔밥을 미역국에 말아 먹었다는 유명한 일화가 있다. 우리 역시 다른 나라의 음식을 먹을 때 먹는 방법을 모르는 경우가 있는 것처럼 음식 먹는 법까지 함께 설명해주면 좋을 것이다.

Which dish do you think is more appetizing?
어떤 음식이 가장 입맛이 당기세요?

> **Tip** 설명을 마치고 난 후 상대방에게 어떤 음식을 먹을 건지 물어보고, 원한다면 다른 음식을 추천해줄 수도 있다.

VOCABULARY

would like to ~하고 싶다 | recommend 추천하다 | main dish 주 요리 | first of all 가장 먼저 | popular 인기 있는 | Korean dish 한국 음식 | briefly 짧게, 간단하게 | ingredient 재료 | beef 소고기 | marinate 재우다 | black pepper 후추 | minced garlic 다진 마늘 | grill or pan-cook 그릴이나 프라이팬에 굽다 | lettuce 상추 | spinach 시금치 | leafy vegetable 잎이 넓은 야채 | seasoned vegetable 양념을 한 야채 | bowl of steamed rice 뜨거운 밥 한 공기 | ground beef 다진 소고기 | depending on ~에 따라 | vary 다양하다 | component (구성) 요소 | mix 섞다 | thoroughly 완전히, 철저히 | appetite 식욕, 입맛

LET'S SPEAK!

이번엔 내가 주인공이 되어 영어로 말해보자.

■ 서론

■ 본론

■ 결론

DAY 08 장소 추천

What places do you recommend foreigners to visit?
외국인 친구에게 방문하라고 추천하고 싶은 장소는?

MINDSET 대화에 임하는 자세 갖추기

글로벌 시대에 외국인 친구 한 명쯤은 필수. 한국에 온 외국인 친구를 대접할 때 음식 못지않게 고민되는 것이 바로 어디에 데려가야 할까 하는 장소에 대한 것이다. 고궁, 박물관, 대형시장, 시가지 등 다양한 장소 중에서 외국인 친구에게 소개시켜주고 싶은 곳이 어디인지 2~3가지 정도만 간추려보고 그 이유와 장소에 대해 설명하는 말하기를 연습해보자.

QUESTION 질문 유형

- **What kind of places would you like to recommend foreigners to visit?**
  외국인 친구가 방문하기 좋은 장소를 추천해주시겠어요?

- **List three places and describe why you want to go there.**
  가고 싶은 세 곳의 리스트를 만들고 왜 그곳에 가고 싶은지 설명해주세요.

- **Where do you want to visit?**
  어디를 방문하고 싶나요?

Step 1 **Brainstorming** _ 주제와 관련 있는 키워드 떠올리기

명소/볼거리	관광 sightseeing 관광객 tourist 관광지 tourist attraction 목적지 destination 전통적인 장소 traditional place 골동품 antique 궁 palace 미술관 museum 연예인 celebrity
느낀 점/ 분위기	유행을 따르는 fashionable 고급의 high-end 근대적인 modern 매력적인 attractive 화려한 extravagant 분위기 atmosphere 전통적인 traditional, antique

> **Step 2** **Pattern** _ 어떤 공식으로 말할지 결정하기

서브토픽 공식

소개해주고 싶은 장소를 2~3가지 정도 말하고 그 장소를 추천하는 이유, 장소에 대한 설명을 덧붙이면서 논리를 보강한다. 소개해주고 싶은 장소가 여러 곳이 아니라 딱 한 장소만 있을 수도 있다. 그런 경우에는 장소에 대한 스케치나 상세한 설명을 곁들이는 것이 좋다.

> **Step 3** **Point** _ 강조하고 싶은 핵심 포인트 정리하기

서브토픽 공식을 이용해 내가 소개해주고 싶은 장소인 압구정, 인사동, 남대문에 대해 할 말을 정리해본다.

Main Point 1	압구정 Apgujeongdong
Support	부연설명 수많은 고급 식당과 최신 유행의 옷가게
Main Point 2	인사동 Insadong
Support	부연설명 수많은 미술품 상점과 화랑, 전통 찻집
Main Point 3	남대문 시장 Namdaemun Market
Support	부연설명 한국의 가장 큰 전통시장, 한국인의 삶을 엿볼 수 있음

Outline _ 핵심 포인트에 살을 붙여 스크립트 완성하기

If I were to recommend certain places, I'd like to recommend Apgujeongdong, Insadong, and Namdaemun Market.
만약 제가 특정 장소를 추천해야 한다면 저는 압구정과 인사동, 그리고 남대문 시장을 추천하겠습니다.

Main Point 1 압구정

Let me begin with Apgujeongdong. For me, Apgujeongdong is the most modern and fashionable area in Korea.
압구정부터 시작하겠습니다. 제가 보기에 압구정은 한국에서 가장 현대적이고 유행을 선도하는 지역입니다.

Support 부연설명

For example, there are many high-fashion boutiques, as well as many extravagant restaurants. Furthermore, you might bump into one or two celebrities who are shopping there. Apgujeongdong is similar to Beverly Hills in California, which is located in the US.
예를 들어, 압구정에는 수많은 고급 식당뿐만 아니라 최신 유행의 고급 옷가게도 많이 있습니다. 뿐만 아니라 그곳에서 쇼핑하고 있는 연예인들을 한두명 우연히 마주칠 수도 있습니다. 압구정은 미국 캘리포니아의 비버리힐즈랑 비슷합니다.

> **Tip** 현대적이고 유행을 선도하는 지역이라는 점을 구체적 예를 들어서 설명한다.

Main Point 2 인사동

Let me move onto the next location. I believe that Insadong is the ideal spot for foreigners to experience the traditional part of Korean culture.
다음 장소를 이야기하려고 합니다. 제 생각에 한국의 전통적인 면을 경험하고 싶은 외국인에게 인사동은 가장 이상적인 장소 같습니다.

Support 부연설명

It has dozens of art galleries and shops, which sells both art supplies and antique goods. In addition, you can taste many different traditional foods and teas in nearby restaurants and cafe's.

수많은 미술용품과 고 미술품을 파는 미술화랑과 가게들이 있습니다. 게다가 근처의 음식점과 카페에서 전통 음식과 차를 맛볼 수 있습니다.

> **Tip** 인사동에 대한 객관적인 사실을 구체적으로 들어서 인사동을 추천하는 이유를 부연설명한다.

Main Point 3 남대문 시장

Finally, I would like to introduce to you the Namdaemun Market.

마지막으로, 남대문 시장을 소개하고 싶습니다.

Support 부연설명

The Namdaemun Market is the largest traditional market in South Korea. They sell everything, such as clothes, food, health products, etc. Moreover, it is located at the heart of Seoul, making travel much easier. By simply walking around, you may experience the typical Korean life style.

남대문 시장은 한국에서 가장 큰 전통시장입니다. 옷, 음식, 건강식품 등 모든 것을 팝니다. 게다가 서울의 중심에 위치하고 있어서 가기도 쉽습니다. 시장을 돌아다니면서 한국 사람들이 대부분 어떻게 사는지 느낄 수 있답니다.

In conclusion, I recommend that you take your foreign friends to all three places.

결론적으로, 저는 이 세 곳에 외국인 친구들을 데리고 가는 것을 추천합니다.

> **Tip** 상대방에게 제안을 하며 말하기를 끝내는 것도 한 방법이다.

VOCABULARY

Let me begin with ~부터 시작할게요 | high-fashion 최신 유행스타일 | extravagant 화려한 | bump into (우연히) ~와 마주치다 | furthermore 더욱이 | Let me move onto ~로 넘어갈게요 | art supplies 미술용품 | antique goods 골동품 | heart of Seoul 서울의 중심 | in conclusion 결론적으로

LET'S SPEAK!

이번엔 내가 주인공이 되어 영어로 말해보자.

■ 서론

■ 본론

■ 결론

DAY 09 방학/휴가

What are your vacation plans?
방학 계획이 뭐예요?

MINDSET **대화에 임하는 자세 갖추기**

반복되는 일상 속 단비와도 같은 방학(vacation). 그 얼마나 기다려왔던가! 여행, 어학연수, 봉사활동, 캠프 (애석하게도) 학원 수강 등 여러분 각자의 계획이 있을 것이다. 학생 신분이라 많은 선택권은 없겠지만 그렇다고 방학 내내 꼭 공부만 하라는 법은 없다. 그럼 방학 전의 계획을 밝히거나 개학 후 즐거웠던 방학생활에 대한 경험담을 풀어놓을 기회도 있을 것이다. 평소 시간이 없어서 하지 못했지만 해보고 싶었던 일들이 있다면 방학을 통해 도전해보는 것은 어떨까?

QUESTION **질문 유형**

- **What are your plans for this summer?**
  올 여름(방학) 계획은 무엇인가요?

- **What do you want to do during your vacation?**
  방학동안 하고 무엇을 하고 싶나요?

- **Where are you planning to go this vacation? Why?**
  이번 휴가는 어디로 가실 겁니까? 이유는요?

Step 1 Brainstorming _ 주제와 관련 있는 키워드 떠올리기

학업 계획	학업 계획 study plan 열심히 공부하다 study hard 부족한 부분 weak point 강화하다 reinforce
여행	관광 sightseeing 관광지 tourist attraction 반드시 보아야 하는 장소 must-see places 풍경 scenery 역사적인 장소 historic places 기분전환 refreshment 휴식 rest. break
취미생활	독서 reading books 자전거 타기 riding a bike 악기 연주 play musical instruments 피아노 배우기 learn how to play the piano 미술 공부 study painting
봉사활동	봉사 활동 volunteer work 기부 donation 아이들 공부를 도와주다 support children's education 저소득층 low-income family. underprivileged 더 나은 사회를 만들다 create better society

Step 2 Pattern _ 어떤 공식으로 말할지 결정하기

서브토픽 공식

방학 계획이라고 하면 학업을 비롯해 여행, 취미활동, 봉사활동 등에 대한 계획이 있을 것이다. 학업 계획이라면 과목을 나눠 설명할 수 있을 것이고, 방학 동안 하고 싶은 일들을 몇 가지 나열하면서 부연설명을 곁들이는 등의 서브토픽 공식을 이용한 말하기가 가능할 것이다.

계획에 대해 말할 때는 앞으로의 일에 대한 것이므로 주로 동사의 미래 시제가 쓰인다. 여행의 경우 여행지가 한 군데이거나 일정이 짧을 경우 **the first day, the second day** 등 날짜별로 계획을 말할 수도 있다.

Step 3 Point _ 강조하고 싶은 핵심 포인트 정리하기

방학계획을 영어공부, 가족여행, 독서로 정하고 서브토픽 공식을 이용해 할 말을 정리해본다.

Main Point 1	영어 공부 focus on studying English
Support	자신의 예 영어회화와 영작 실력을 보강하기 위해 영어회화 동아리에 참여하고 영어일기도 쓸 것
Main Point 2	가족 여행 short family trip
Support	자신의 예 제주도 여행을 통해 공부에서 벗어나 휴식을 취할 것
Main Point 3	독서 read many books
Support	자신의 예 지식과 비판적 사고력을 향상시키기 위해 다양한 주제의 책읽기를 할 것

Step 4 **Outline** _ 핵심 포인트에 살을 붙여 스크립트 완성하기

During my vacation, I am planning three activities.
방학 동안 3가지 활동을 계획하고 있습니다.

Main Point 1 영어 공부

First, I will focus on studying English.
첫째는 영어 공부에 집중할 것입니다.

Support 자신의 예

I think my English reading skill is sufficient. However, I do not feel confident in my speaking and writing abilities. I need to focus on improving those skills. So I will participate in the English speaking clubs at school actively. And I will keep a diary in English.

저는 영어독해는 충분하지만 영어회화와 영작은 자신감이 부족합니다. 그 부분을 중점적으로 향상시켜야겠습니다. 그래서 학교의 영어회화 동아리도 활발하게 참여하고 영어 일기도 쓸 것입니다.

Tip 영어 공부에 집중하겠다고 말한 뒤 어떤 것을 공부할 것이며, 구체적인 방법은 무엇인지 설명하고 있다.

Main Point 2 가족 여행

Secondly, I will take a one-week-long vacation to Jeju Island with my family this summer.
둘째로, 가족들과 함께 올 여름에 일주일간 제주도 여행을 갈 것입니다.

Support 자신의 예

Actually, this is my father's reward to me for doing so well on my last exam. My father promised me that we would visit Jeju Island to take a break from studying. I am so excited to go on this trip.

사실 이 여행은 아버지께서 제가 기말고사를 잘 봤다고 주시는 상입니다. 아버지는 공부에서 벗어나 제주도에서 휴식을 취할 수 있을 거라 약속하셨지요. 이번 여행이 정말 기대됩니다.

Tip 제주도 여행을 가게 된 계기는 무엇인지 부연설명함으로써 말하기 내용을 풍부하게 할 수 있다.

Main Point 3 독서

I also want to read many books.
저는 또한 책을 많이 읽을 것입니다.

Support 자신의 예

Reading is one of my hobbies. However, lately I've been too busy to read. That's why I made a list of books to read during my vacation. I want to expand my knowledge and critical thinking skills through reading. So I chose books with various topics. I hope to finish reading the books on this list by the end of my vacation.

독서는 저의 취미였지만 최근 책읽기에 너무 바빴습니다. 그래서 방학 동안 제가 읽을 책 리스트를 만들었어요. 독서를 통해 저의 지식과 비판적인 사고력을 확장하고 싶습니다. 그래서 다양한 주제의 책을 골랐습니다. 방학이 끝날 때까지 리스트에 있는 책들을 다 읽었으면 하는 바람입니다.

Tip 왜 독서를 선택했는지 그 이유와 구체적으로 어떻게 독서를 할지 계획에 대해 부연설명하였다.

These are my vacation plans so far. I will do my best to make the most of my time and achieve these plans.
지금까지 제 방학계획을 말씀드렸습니다. 제게 주어진 시간을 최대한 활용해 이 계획들을 달성할 것입니다.

VOCABULARY

during ~동안 | focus on ~에 집중하다 | sufficient 충분한 | confident 자신감 있는 | improve 향상하다 | skill(s) 기술 | participate in ~에 참여하다 | take a vacation 휴가를 얻다 | reward 상, 포상 | take a break 휴식을 취하다 | go on a trip 여행을 가다 | hobby 취미 | expand 넓히다, 확장하다 | knowledge 지식 | critical thinking 비판적 사고 | various 다양한 | achieve 달성하다

Let's Speak!

이번엔 내가 주인공이 되어 영어로 말해보자.

■ 서론

■ 본론

■ 결론

DAY 10 좋아하는 연예인/노래

Who is your favorite singer?
좋아하는 가수가 누구야?

MINDSET 대화에 임하는 자세 갖추기

요즘 한국 아이돌 가수들의 인기가 한국을 넘어 세계로 뻗어나가고 있다. 호감형 외모, 화려한 퍼포먼스, 뛰어난 가창력 등 오랜 연습생 생활로 다져진 그들의 실력은 한국뿐만 아니라 해외에서도 사랑받기에 충분한 것 같다. 아이돌 전성시대에 맞게 그들이 가진 개성과 매력 또한 다양하다. 여러분이 좋아하는 아이돌 가수나 연예인이 있다면, 그들의 장점과 매력을 영어로 말하는 연습을 해보자. 외국의 또래 친구가 자신이 좋아하는 한국 아이돌들의 매력에 흠뻑 빠져버릴 수 있게 말이다.

QUESTION 질문 유형

- Who do you like the most among Korean idol groups?
  한국 아이돌 그룹 중에 누가 제일 좋아요?

- Why do you like the singer[actor]?
  그 가수[배우]를 좋아하는 이유는 무엇인가요?

- What kind of charming features does the celebrity have?
  그 연예인이 가지고 있는 매력은 무엇인가요?

Step 1 Brainstorming _ 주제와 관련 있는 키워드 떠올리기

팬	~의 열렬한 팬이다 be a big fan of 음악 팬 music lover (지나치게) 열성적인 행동 fanatic acts 한류 Korean wave
가수/연예인	아이돌 idol 롤모델 role model 쇼비즈니스 showbiz 가수 singer 연예인 celebrity 배우 actor 여배우 actress 노래 song 연기 performance 빼어난 외모 good looks 앨범 제목이 ~이다 album has been entitled ~ 음반을 발매하다 release an album
실력	엔터테인먼트적 능력 entertainment skills 음악적 능력 music abilities 작곡가 song writer 가사 lyrics 앨범을 준비하다 prepare an album 새로운 기록을 세우다 set a new record 매력적인 목소리 charming voice
패션	패션 리더(패셔니스타) fashionista 생기 넘치는 색상 vibrant colors 사람들의 주목을 끌었다 catch the crowd's attention with 다른 느낌을 풍기다 give off a different feel from

Step 2 | Pattern _ 어떤 공식으로 말할지 결정하기

서브토픽 공식

좋아하는 가수를 외국인 친구한테 소개한다면 우선 그들에 대한 기본적이고 객관적인 정보가 무엇인지 정리해보자. 막연하게 잘 생겨서, 예뻐서 좋다고 주관적으로 말하기보다는 장점과 매력을 객관적인 정보로 조목조목 소개한다면 상대방도 더 큰 관심을 가질 것이다. 외국 친구의 경우 소개하는 가수에 대해 아예 모를 수도 있으므로 객관적이고 기본적인 정보가 필요하다. 기본 정보, 실력, 활동사항, 개성과 매력 등 카테고리를 2~3가지로 나눠 각 카테고리를 부연설명하는 서브토픽 공식을 활용하면 효과적일 것이다.

Step 3 | Point _ 강조하고 싶은 핵심 포인트 정리하기

좋아하는 가수 빅뱅에 대한 소개를 서브토픽 공식을 써서 정리해본다.

Main Point 1	간단한 소개(가수 빅뱅) who they are briefly
Support	객관적 근거(TV, 뉴스에서 보고 들은 사실) 멤버 구성, 히트곡, 수상 경력 등 기본적인 정보
Main Point 2	멤버들의 뛰어난 재능 all members are very talented
Support	객관적 근거(TV, 뉴스에서 보고 들은 사실) 능력과 활동 상황: 작사·작곡 및 안무 실력, 뮤지컬, TV 드라마, 예능 출연
Main Point 3	패션 트렌드를 선도함 set the fashion trends for the younger generation
Support	자신의 예(견해) 멤버들 각자의 뚜렷한 개성과 뛰어난 패션 감각

Step 4 **Outline** _ 핵심 포인트에 살을 붙여 스크립트 완성하기

My favorite singing group is the famous Korean idol Big Bang.
제가 가장 좋아하는 가수는 한국의 유명 아이돌인 빅뱅입니다.

Main Point 1 간단한 소개
I will briefly tell you who they are.
빅뱅에 대해 간단하게 설명해 드리겠습니다.

Support 객관적 근거(TV, 뉴스 등에서 보고 들은 사실)
This Korean boy group consists of five members. They debuted in 2006 and are still active in the entertainment industry. They have a lot of hit songs and have received awards from MTV EMA in 2011. They are the first Korean group to receive such awards. They are loved by not only Korean fans but also fans from overseas.
이 한국 아이돌 그룹은 다섯 멤버로 구성되어 있습니다. 2006년에 데뷔해서 아직도 연예계에서 활발히 활동하고 있습니다. 빅뱅은 수많은 히트곡을 가지고 있고 2011년 MTV에서 주는 EMA상도 받았습니다. 한국 그룹으로서는 최초로 수상한 거였죠. 빅뱅은 한국에서뿐만 아니라 세계에서도 사랑받고 있는 그룹입니다.

Tip 자신이 좋아하는 가수라도 상대방은 모를 수 있으므로 기본적인 정보 소개부터 시작하자. 관심 있는 가수에 대해서 미디어를 통해 습득한 정보를 기억해두었다가 활용한다.

Main Point 2 멤버들의 뛰어난 재능
And all members are very talented.
그리고 모든 멤버가 재능이 뛰어납니다.

Support 객관적 근거(TV, 뉴스 등에서 보고 들은 사실)
Their songs are always catchy and I was very surprised that they write their own lyrics and compose their own music. They even create their own choreography. Each member released solo albums and has appeared on musicals and TV dramas. They also have performed in entertainment shows. I like listening to their albums and watching TV programs they star in. Although they are vocal artists, they are also quite talented actors and musicians.

빅뱅의 노래는 항상 귀를 사로잡는데, 저는 그들이 직접 작사 작곡을 한다는 데 놀랐습니다. 심지어 안무도 직접 짠다고 합니다. 멤버들 각자 솔로 앨범을 발매하고, 뮤지컬과 TV 드라마에 출연하고 있습니다. 예능에도 출연하고 있지요. 그들의 음악을 듣고 그들이 출연하는 TV 프로그램을 보는 것을 좋아합니다. 빅뱅은 가수지만 연기자로서, 뮤지션으로서 탁월한 재능이 있습니다.

> **Tip** 좋아하는 가수뿐 아니라 누구를 소개하더라도 그가 과거에 한 일(경력), 현재 하고 있는 일에 대해 설명하면 듣는 이의 이해를 도울 수 있다.

Main Point 3 패션 트렌드 선도
They set the fashion trends for the younger generation.
빅뱅은 젊은 층의 패션을 선도합니다.

Support 자신의 예(견해)
Unlike other idol groups, I think they have their own colors. I especially like their fashion styles and I like the way they show their own characters. Each member has their own charming features. Every time they release their new albums, they have an extreme make-over which makes them "Fashion Icons."
다른 아이돌 그룹들과 달리 빅뱅은 그들만의 색깔을 가지고 있는 것 같습니다. 저는 특히 그들의 패션 스타일이 좋습니다. 그리고 그들 각자 개성 있는 모습이 좋습니다. 멤버들 각자 자신만의 매력이 있습니다. 그들은 항상 새로운 앨범을 낼 때마다 "패션 아이콘"이라 할 만큼 놀라운 변신을 합니다.

Those are the reasons I like Big Bang and I hope you have a chance to listen to their music. It will liven your mood and relieve your stress too.
이런 이유들 때문에 빅뱅을 좋아합니다. 여러분도 빅뱅의 노래를 들을 수 있는 기회가 있었으면 좋겠습니다. 빅뱅의 노래를 들으면 기분이 좋아지고 스트레스도 풀릴 겁니다.

VOCABULARY

briefly 간단히 | **talent** 재주, 장기 | **consist of** ~로 구성되어 있다 | **debut** 데뷔하다 | **entertainment industry** 연예계 | **overseas** 해외 | **catchy** 기억하기 쉬운 | **choreography** 안무 | **release an album** 앨범을 발매하다 | **star in** ~에 출연하다 | **vocal artist** 가수 | **unlike** ~와 달리 | **charming feature** 매력 | **extreme** (유행, 복장 등이) 최첨단의 | **fashion icon** 패션 아이콘 | **liven** 활기를 띠다 | **relieve** 완화하다, 줄이다

LET'S SPEAK!

이번엔 내가 주인공이 되어 영어로 말해보자.

■ 서론

■ 본론

■ 결론

DAY 11 존경하는 선생님

Who is your favorite teacher at school?
가장 좋아하는 선생님은 누구입니까?

MINDSET 　**답변에 임하는 자세 갖추기**

누구든 학창시절에 좋아하거나 존경하는 선생님에 대한 기억이 있을 것이다. 선생님은 부모님 다음으로 학생들에게 큰 영향을 미치는 존재이다. 어떤 선생님을 만나는지에 따라서 관심 없던 과목에 대한 흥미가 생기기도 하고 새로운 인생의 목표가 설정되기도 한다. 지금까지 여러분이 만나온 많은 선생님들을 떠올려보자. 적어도 한두 분 정도 기억에 남는 선생님이 있을 것이다(정말 한 분도 떠오르지 않는다면 유명인이나 위인 중 멘토로 생각할만한 사람이라도 좋다). 과거의 은사, 현재 학교 선생님이나 학원 선생님들 중 내가 좋아하는 선생님을 생각해보고 그 선생님을 좋아하는 이유, 가르치는 방식 등을 생각해보자.

QUESTION 　**질문 유형**

- Who is the most influential teacher in your life?
  여러분의 인생에 가장 영향을 준 선생님은 누구인가요?

- Who has been the most memorable teacher so far?
  이제까지 가장 기억에 남는 선생님은 누구인가요?

- Tell me about the teacher you like best.
  가장 좋아하는 선생님에 대해 말해보세요

- Introduce a teacher you respect most.
  가장 존경하는 선생님을 소개해주세요.

Step 1 Brainstorming _ 주제와 관련 있는 키워드 떠올리기

가르치는 과목 /가르친 시기	주일학교 선생님 Sunday school teacher 교장 선생님 headmaster 담임선생님 homeroom teacher 초등학교 선생님 elementary school teacher 중학교 선생님 middle school teacher 수학 선생님 math teacher 5학년 선생님 5th grade teacher
좋아하는 이유	열정적인 passionate 동기 부여하는 motivating 격려하는 encouraging 고무하는 inspiring 이해심 있는 understanding 유머러스한 humorous 잘 가르치다 teach competently 학생의 수준에 맞추다 be brought down to the students' level
영향력	~에 좋은 영향을 끼치다 have a good effect on 긍정적인 positive 부정적인 negative 인생의 전환점 turning point 자신감을 심어주다 give someone confidence 진로를 결정하다 shape one's course 성적을 올리다 raise one's grade

Step 2 Pattern _ 어떤 공식으로 말할지 결정하기

서브토픽 공식

좋아하는 선생님 한 분에 대해 장점이나 특징 2~3개를 핵심 포인트로 내세운 후 부연설명하는 방식이다. 존경하는 선생님은 누구이고 그 이유가 무엇인지, 그 선생님에게 본인이나 다른 학생들이 어떤 영향을 받았는지에 대해 말하거나 수업 스타일, 본인 외에 같이 공부했던 학생들이 공통적으로 느꼈던 점, 존경하게 된 특정 사건 등에 대해 구체적으로 언급하면 된다.

Step 3 Point _ 강조하고 싶은 핵심 포인트 정리하기

서브토픽 공식을 이용해 자신이 존경하는 선생님에 대해 할 말을 정리해본다.

Main Point 1	가르침에 대한 열정 a passion for teaching
Support	자신의 예 선생님의 즐거운 수업방식으로 영어를 좋아하게 됨
Main Point 2	어떤 상황에서도 학생들을 격려함 encourage students in any situation
Support	주변의 예 학생들을 격려하고 과학고 입시를 준비하도록 동기를 부여함

Outline _ 핵심 포인트에 살을 붙여 스크립트 완성하기

My favorite teacher is Kevin who teaches me science in middle school. I respect his passion for teaching and his positive energy.
제가 가장 좋아하는 선생님은 중학교에서 과학을 가르치는 케빈 선생님입니다. 선생님의 교육에 대한 열정과 긍정적인 에너지를 존경합니다.

본론

Main Point 1 가르침에 대한 열정
First, he has a passion for teaching.
먼저, 선생님은 교육에 열정을 가지고 계십니다.

Support 자신의 예
He tries diverse ways to make classes fun and energetic. Until I met him, I wasn't interested in science at all and I had poor grades. Thanks to him, I started enjoying science. There is a saying: "A genius cannot win over a person making an effort, a person making an effort cannot win over a person enjoying something." I believe that I could make remarkable progress in science because he made class enjoyable.
선생님은 다양한 방법으로 수업을 재미있고 활력 넘치게 하려고 노력하십니다. 선생님을 만나기 전까지 저는 과학에 전혀 관심이 없었고 성적 또한 안 좋았습니다. 저는 선생님 덕분에 과학을 즐기기 시작했습니다. "천재는 노력하는 자를 이길 수 없고, 노력하는 자는 즐기는 자를 이길 수 없다."라는 말이 있습니다. 선생님의 수업이 즐거웠기에 저의 과학 실력이 눈에 띄게 향상되었다고 믿고 있습니다.

Tip 선생님으로 인해서 내가 바뀐 점이 있다면, 선생님을 만나기 이전과 이후의 변화를 구체적으로 예를 들어 보자.

Main Point 2 어떤 상황에서도 학생들을 격려함

Secondly, he encourages students in any situation.
둘째로, 선생님은 어떤 상황에서도 학생들을 격려하십니다.

Support 주변의 예

Whenever he sees students who are depressed by a low school record or have trouble in their relationships, he approaches them first and cheers them up. He emphasizes that tomorrow is another day. His encouragement helps students overcome many difficult situations. Moreover, he motivated many students to prepare for an entrance exam for a science high school by telling them "You can do it."

선생님은 학생들이 낮은 학교 성적으로 우울해하거나 교우관계에 문제가 있을 때마다 먼저 학생들에게 다가가서 격려해주셨습니다. 오늘이 끝이 아니니 낙심하지 말 것을 강조하셨습니다. 선생님의 격려로 학생들은 어려운 상황을 극복할 수 있었습니다. 뿐만 아니라, 그 분은 많은 학생들이 과학고 입시를 준비하도록 동기를 부여해주셨습니다.

Tip 선생님이 본인 뿐 아니라 다른 학생들에게 끼친 영향에 대해서도 설명했다. 학생들의 말을 인용하거나 자신이 들은 이야기를 언급하면 된다.

결론

I have met many teachers who influenced me but Kevin is the teacher who I respect most.

저에게 영향을 준 선생님은 많이 계셨지만, 그중에서도 제가 가장 존경하는 선생님은 케빈 선생님입니다.

Tip 존경하는 선생님이 누구인지 한 번 더 강조해주며 마무리한다.

VOCABULARY

favorite 마음에 드는, 매우 좋아하는 | science 과학 | respect 존경하다 | passion 열정 | positive 긍정적인 | diverse 다양한 | energetic 에너지 넘치는 | genius 천재 | make an effort 노력하다 | remarkable 놀랄 만한, 눈에 띄는 | enjoyable 즐거운, 유쾌한 | encourage 격려하다, 용기를 북돋다 | depressed 침울한, 우울한 | school record 학교 성적 | have trouble in ~에 문제가 있다 | cheer up 격려하다 | overcome 극복하다 | moreover 더욱이, 게다가 | motivate 의욕을 갖게 하다, 동기를 부여하다 | entrance exam 입학시험

LET'S SPEAK!

이번엔 내가 주인공이 되어 영어로 말해보자.

■ 서론

■ 본론

■ 결론

DAY 12 영화/책/뮤지컬

What is the best movie you have ever seen?
가장 인상 깊게 본 영화는?

MINDSET 　**답변에 임하는 자세 갖추기**

책이나 영화를 보면서도 막상 인상 깊게 읽은 책, 영화에 대해 물어보면 바로 대답이 떠오르지 않을 때가 많다. 친구와 얘기하거나 모임 등에서 괜찮은 책, 영화 등을 소개해달라고 하는 경우 할 말이 떠오르지 않아 단답형으로 끝나거나 자세한 내용이나 감상평을 못한다면 뒤돌아서서 아쉬움이 남지 않을까? 평소 책을 읽거나 영화를 보고 난 후 간단한 줄거리나 감상을 정리해둔다면 도움이 될 것이다. 다시 한 번 강조하지만, 논리적인 영어 말하기는 생각이 정리되고 말할 거리가 준비되어 있을 때 가능한 것이다.

QUESTION 　**질문 유형**

- How was the movie?
  영화 어땠나요?

- What was the storyline of the movie?
  그 영화의 줄거리는 무엇인가요?

- What movie would you like to recommend and why?
  어떤 영화를 추천하실 거죠? 그 이유는요?

Step 1 Brainstorming _ 주제와 관련 있는 키워드 떠올리기

감상	교육적인 educational　　감동적인 touching 폭력적인 violent　　흥미로운 interesting 예상치 못한 unexpected
감독	집필한 written　　걸작 masterpiece 저자 author　　감독 director
배우	배우 actor　　여배우 actress　　연기를 하다 act out 주연 main actor/actress　　조연 supporting actor/actress
줄거리	줄거리 main story　　~로 구성되다 consist of ~을 다루다 handle, deal with　　~에 관한 것이다 it's about
음악/배경/ 패션	사운드트랙 soundtrack　　풍경 scenery 소품 prop　　하이패션 high fashion

Step 2 Pattern _ 어떤 공식으로 말할지 결정하기

서브토픽 공식

좋아하는 영화를 정했다면 하위 카테고리를 생각해보자. 우선 상대방이 영화를 안 본 경우라면 줄거리를 간단히 요약해줄 수 있겠다. 영화에서 인상 깊었던 부분을 줄거리, 연기, 음악, 패션 등으로 구체화시켜 이야기해보자. 영화를 보고 배운 점이나 느낀 점에 중점을 두고 이야기할 수도 있다. 줄거리 설명은 장황해지지 않도록 주의해야 한다.

Step 3 Point _ 강조하고 싶은 핵심 포인트 정리하기

서브토픽 공식을 이용해 인상 깊게 본 영화의 간단한 줄거리 소개와 감상평을 정리해본다.

Main Point 1	영화 줄거리 explain the movie story briefly
Support	부연설명 영화 줄거리 간단히 소개
Main Point 2	느낀 점, 교훈 I learned this lesson ~
Support	자신의 예(견해) 영화 속에서 인상 깊었던 장면을 예로 들어 느낀 점을 설명

Step 4 Outline _ 핵심 포인트에 살을 붙여 스크립트 완성하기

서론

The most impressive movie that I have ever watched is "The Pursuit of Happiness."
제가 지금까지 본 가장 감명 깊었던 영화는 "행복을 찾아서"입니다.

 우선 제목을 이야기해야 한다. "왜?"라는 질문이 따라오거나 상대방의 궁금증을 끌어낼 것이다.

본론

Main Point 1 영화 줄거리

Let me explain the movie story briefly.
영화 줄거리를 간단히 설명해드리겠습니다.

Support 부연설명

This movie is a true story about a salesman and family man, Chris, who is financially broke after his wife left him in 1981. Without money and a wife, but totally committed to his son, Chris sees the chance to fight for an unpaid stock-broker internship in San Francisco. Meanwhile, he encounters many challenges and difficulties including a period of homelessness. After he overcomes all those difficulties he ultimately becomes a billionaire.

이 영화는 세일즈맨이자 가족적인 남자인 크리스에 관한 실화입니다. 크리스는 경제적으로 파산하고 부인은 1981년 그를 떠나게 됩니다. 돈도 부인도 없이, 아들에게만 헌신하면서 크리스는 무급이나마 샌프란시스코의 한 증권 중개 인턴십 자리를 얻을 기회를 가지게 됩니다. 그 과정에서 노숙자가 되는 시기도 있고 많은 도전과 어려움을 겪게 됩니다. 영화는 그가 그 모든 어려움을 극복하고 결국 억만장자가 된다는 이야기입니다.

 영화를 좋아하는 이유는 여러 가지가 있겠지만 우선 듣는 사람의 이해를 돕기 위해 줄거리를 간단히 설명해주는 것이 좋다. 이때 장황하게 줄거리를 설명하는 것은 피해야 한다. 그리고 상대방이 이미 줄거리를 알고 있다면 생략할 수 있다.

Main Point 2 느낀 점, 교훈

Above all else, through this film I learned this lesson: If you really do your best and are patient, even in difficult situations, you can overcome obstacles like Chris.

무엇보다도 영화를 통해 저는 이런 교훈을 얻었습니다. 어려운 상황에서도 인내심을 가지고 최선을 다한다면, 크리스처럼 난관을 극복할 수 있습니다.

Support 자신의 예(견해)

Once he was homeless and sleeping in a subway station restroom with his young son, but he overcame it. I learned that even though you have nothing, you can create a life full of abundance in the end.

한때 노숙자로 아들과 지하철 화장실에서 자야 했던 적도 있었지만 그것을 극복했습니다. 아무것도 가진 게 없어도 결국 풍족한 삶을 만들어낼 수 있다는 것을 배웠습니다.

> **Tip** 영화를 좋아하는 이유가 영화 안에 담긴 메시지나 교훈이 가슴에 와 닿았기 때문일 수 있다. 영화에서 무엇을 느꼈는지 인상 깊은 장면을 언급하면서 이야기하면 상대방이 훨씬 흥미롭게 들을 수 있다.

This movie demonstrated to me that success doesn't come easy, and is often accompanied by hardship. Why don't you watch this movie?

이 영화는 저에게 성공은 쉽게 얻을 수 없으며 역경을 동반한다는 것을 보여주었습니다. 이 영화 한번 감상해보세요.

> **Tip** 영화에서 받은 느낌으로 마무리하면서 상대에게 영화를 권하며 마무리한다.

VOCABULARY

The Pursuit of Happiness 행복의 추구(영화 '행복을 찾아서' 영문 이름) | briefly 짧게, 간단하게 | true story 실화 | financially broke 재정적으로 파산한 | be committed to ~에 전념하다, 충실하다 | unpaid 무급의 | stock-broker internship 증권 중개인 인턴십 | meanwhile 그 동안에, 한편 | encounter 마주치다, 만나다 | homelessness 노숙자임 | overcome all difficulties 모든 어려움을 이겨내다 | ultimately 궁극적으로, 결국 | billionaire 억만장자, 갑부 | above all else 무엇보다도 | learn the lesson 교훈을 얻다 | even in difficult situations 어려운 상황에서도 | overcome obstacles 고난을 이겨내다 | full of abundance 풍요로움이 가득한 | in the end 결국, 끝에 가서는 | demonstrate 입증하다, 실례를 들어가며 보여주다 | come easy 쉽게 오다 | be accompanied by hardship 고난을 동반하다

LET'S SPEAK!

이번엔 내가 주인공이 되어 영어로 말해보자.

■ 서론

■ 본론

■ 결론

DAY 13 몸매/건강관리

How do you keep in good shape?
좋은 몸매를 유지하기 위해 무엇을 하십니까?

MINDSET **대화에 임하는 자세 갖추기**

"몸짱 열풍"은 이제 세대와 나이를 초월한 최고의 핫토픽이 되고 있다. 성장기의 학생들에게 건강은 무엇보다도 중요하지만, 요즘 청소년들에게는 건강보다는 날씬한 몸매가 더 큰 관심사가 아닐까 싶다. 그들이 열광하는 아이돌 스타들의 날씬하다 못해 지나치게 마른 몸매를 닮고 싶어 무리한 다이어트를 하다가 건강을 해치는 경우도 적지 않다. 여러분은 좋은 몸매를 위해 어떤 노력을 하고 있는가? 애석하게도 저주받은 몸매라고? 좌절하지 말자. 미래에 이런 질문을 받을 때를 대비해 준비해두자.

QUESTION **질문 유형**

- I would like to lose weight. Can you recommend a good way?
  몸무게를 줄이고 싶습니다. 좋은 방법을 추천해주시겠어요?

- You seem to have lost weight. What did you do?
  살이 많이 빠진 것 같아요. 어떻게 하신 거죠?

- What are your secrets to stay fit?
  몸매를 유지하는 비결은 무엇입니까?

- You look like you are in good shape. Are there any special treatments you take?
  건강해 보여요. 특별한 비결이 있으세요?

Step 1 Brainstorming _ 주제와 관련 있는 키워드 떠올리기

몸매	과체중의 overweight 체중을 줄이다 lose weight 다이어트중인 on a diet 날씬한 몸매 slender figure 건강한 몸매를 유지하다 stay fit (몸의) 상태가 좋은 in good shape
운동	근력운동 weight training 스트레칭 stretching 유산소운동 cardio exercise 조깅 jogging 규칙적 운동 regular exercise 준비운동 warm-up
건강식	영양 nutrition 식습관 eating habits 유기농 음식 organic food 비타민을 먹다 take vitamins 인스턴트[고지방] 음식을 피하다 avoid junk[fatty] food
건강관리	정기 건강검진 annual check-ups 몸이 안 좋은 under the weather

Step 2　Pattern _ 어떤 공식으로 말할지 결정하기

서브토픽 공식

주제와 관련된 세부 카테고리를 핵심 포인트로 잡는 방식이다. 몸매 관리가 주제라면 살을 빼기 위해 하는 운동, 먹는 음식, 생활습관을 핵심 포인트로 잡을 수 있다. 만약 몸매 관리를 위해 특별히 하고 있는 것이 없다면 솔직히 현재는 하고 있는 게 없지만 이런 부분에 신경을 써야 한다거나 어떤 운동을 해보고 싶다 등 앞으로의 계획을 말하면 된다. 운동 한 가지만 하고 있다면 어떤 운동인지, 얼마나 자주 하는지, 얼마나 오랫동안 해왔는지 등을 짚어주면 된다. 남들에게 생소한 운동이라면 운동 자체에 대한 설명을 덧붙여주면 좋다. 음식에 관한 것이라면 무슨 음식을 먹고 있는지, 어떻게 해서 먹게 시작됐는지, 어떤 효과가 있는지 등을 이야기할 수 있다.

Step 3　Point _ 강조하고 싶은 핵심 포인트 정리하기

서브토픽 공식을 이용하여 몸매를 유지하기 위해 하는 운동과 식이요법에 대해 할 말을 정리해본다.

Main Point 1	하루 30분의 스트레칭 stretch every day for 30 minutes
Support	자신의 예(경험) 시간과 장소에 구애받지 않고 유연성과 몸매 유지에 도움
Main Point 2	규칙적인 식사 eat regularly
Support	객관적 근거 (전문가의 의견) + 자신의 예 불규칙한 식사는 살찌는 체질로 만듦, 영양이 있는 식사를 하며 식사량 조절

Step 4 **Outline** _ 핵심 포인트에 살을 붙여 스크립트 완성하기

서론

Lately the whole class seems to be in the grip of diet fever. All my friends are working hard to lose weight and keep their body in shape. Of course, I have that fever too. To be in good shape, I do two things.

최근에 학급 전체가 다이어트 열풍에 휩싸여 있는 것 같습니다. 친구들 모두 살을 빼고 몸매를 유지하기 위해 열심입니다. 물론 저도 예외가 아닙니다. 좋은 몸매를 가지기 위해 저는 두 가지를 하고 있습니다.

> **Tip** 자신을 포함한 친구들이 모두 다이어트에 열심이라는 현재 상황을 언급하며 자연스럽게 관심을 유도하고 핵심 포인트의 개수를 미리 언급했다.

본론

Main Point 1 하루 30분의 스트레칭
What I do is stretch every day for 30 minites.
저는 매일 30분씩 스트레칭을 합니다.

Support 자신의 예(경험)
As a student, I don't have enough time to go to a gym or an exercise class. So I try to find an easy program which I can do daily regardless of time or place. While watching TV at home or while on a break at school, I stretch as much as possible. I do some different movements that I learned on TV. This helps me a lot to keep my body flexible and in shape.

학생이기에 헬스장에 가거나 운동 수업을 들을 시간이 충분하지 않습니다. 그래서 시간과 장소에 구애받지 않고 매일 할 수 있는 쉬운 방법을 찾으려 합니다. 집에서 TV를 보거나 학교 쉬는 시간에 가능한 많이 스트레칭을 합니다. TV에서 배운 다양한 동작을 하는데 몸의 유연성과 몸매 유지에 많은 도움을 줍니다.

> **Tip** 스트레칭의 장소, 동작, 그리고 효과를 이야기하여 핵심 포인트를 구체화시킨다.

Main Point 2 규칙적인 식사

Next, I eat regularly.
다음으로 저는 규칙적인 식사를 합니다.

Support 객관적 근거 (전문가의 의견) + 자신의 예

My friends actually skip meals to lose weight. However, the experts say that if we skip meals, our body burns minimal calories in order to conserve energy. After all, we easily gain weight. So I never skip meals. I don't think it's healthy. Instead, I ask my mom to plan a nutritious meal and I control the amount I eat.

친구들은 사실 살을 빼기 위해 식사를 건너뜁니다. 하지만 전문가들 말이 식사를 건너뛰면 우리 몸은 에너지를 보존하기 위해서 최소한의 칼로리를 소모한다고 합니다. 결국 우리는 쉽게 살이 찌게 됩니다. 그래서 저는 절대로 식사를 거르지 않습니다. 그것에 몸에 좋지 않기도 하고요. 대신 엄마에게 영양이 있는 식단을 짜달라고 부탁하고 먹는 양을 조절합니다.

Tip 전문가의 의견을 빌어 규칙적인 식사의 중요성을 객관화시킨다.

What I do every day for my diet is basically what everyone can do in their daily lives. Why don't you try stretching and eating regularly? They are healthier ways to lose weight.

제가 매일 하는 다이어트는 기본적으로 누구라도 일상생활에서 할 수 있는 것입니다. 스트레칭과 규칙적인 식사를 한번 해보세요. 살을 빼는 건강한 방법입니다.

VOCABULARY

in the grip of ~에 휩싸인 | **diet fever** 다이어트 열풍 | **lose weight** 살을 빼다 | **keep one's body in shape** 몸매를 유지하다. 건강을 유지하다 | **exercise** 운동. 운동하다 | **regardless of** ~에 상관없이 | **movement** 동작. 움직임 | **flexible** 유연성 있는 | **regularly** 규칙적으로 | **skip** 건너뛰다 | **minimal** 최소한의 | **conserve** 아끼다. 아껴쓰다. 보존하다 | **gain weight** 살이 찌다 | **instead** 대신에 | **nutritious** 영양가 있는 | **amount** 양 | **basically** 기본적으로

LET'S SPEAK!

이번엔 내가 주인공이 되어 영어로 말해보자.

■ 서론

■ 본론

■ 결론

DAY 14 존경하는 사람

Who has influenced you the most?
누가 여러분에게 가장 영향을 미쳤나요?

MINDSET **답변에 임하는 자세 갖추기**

살면서 내 인생에 가장 영향을 끼친 사람은 누구일까? 어린 시절 위인전을 읽으면서 위인들의 이야기와 성공담을 통해 미래의 꿈을 가지게 되면서 생활습관이나 사고방식이 바뀌기도 한다. 책에서 접한 위인이 아니라 주변 인물이나 TV속 인물의 영향을 받기도 한다. 부모님, 선생님, 친구, 연예인, 기업가 등도 그 대상이 될 수 있다. 좋아하는 가수의 공연을 보고 가수의 꿈을 키우거나 부모님의 모습과 교육관에 감동을 받을 수도 있을 것이다. 어떤 계기와 방식으로 나의 삶에 영향을 끼쳤는지 정리해보자.

QUESTION **질문 유형**

- What person influenced you the most?
  누가 여러분에게 가장 영향을 미쳤나요?

- Who has influenced you the most and in what ways?
  누가 여러분에게 어떤 식으로 영향을 미쳤나요?

- Who is your role model and why?
  여러분의 롤모델은 누구인가요? 이유는?

- Who do you respect?
  존경하는 사람이 누구인가요?

Step 1 Brainstorming _ 주제와 관련 있는 키워드 떠올리기

누구	존경하다 respect, admire 롤모델 role model 부모님 parents 선생님 teacher 교수님 professor 친구 friend
영향을 받은 점	헌신적인 dedicated, committed 미덕, 덕목 virtue 솔선수범 take the lead 한결같음 persistence 열정 passion 긍정적인 마음 positive spirit
바뀐 점	영향 influence, effect 배우다 learn 교훈 lesson 좋은 영향 good[favorable, beneficial] effect 영향을 받다 be influenced by, be affected by 긍정적인 positive 부정적인 negative 변화시키다 transform, change

Step 2 Pattern _ 어떤 공식으로 말할지 결정하기

서브토픽 공식

일단 롤모델을 정했으면 그가 나에게 영향을 준 내용들을 세부 카테고리로 잡아보자. 롤모델이 누구이고 그 이유가 무엇인지, 어떤 점에서 영향을 받았으며 그로 인해 어떻게 변하게 되었는지 등을 핵심 포인트로 할 수 있다. 롤모델이 둘 이상이라면 각 인물을 핵심 포인트로 잡아 그 이유를 이야기하면 된다. 인물의 초등학교, 중학교, 고등학교, 대학교, 최근 모습 등을 핵심 포인트로 해서 연대기적으로 정리하는 방법도 있다.

Step 3 Point _ 강조하고 싶은 핵심 포인트 정리하기

서브토픽 공식을 이용해 자신이 존경하는 MC 유재석에 대해 할 말을 정리해본다.

Main Point 1	어려움을 극복하고 대한민국 최고의 MC 자리에 오름 became 'MC of the nation' in Korea after going through various hardships
Support	객관적 근거 6번 이상 연예 대상, 현재 위치까지의 노력
Main Point 2	겸손과 배려의 리더십 humble and considerate leadership
Support	자신의 예(견해) 항상 남을 배려하는 행동 및 진행

Step 4 Outline _ 핵심 포인트에 살을 붙여 스크립트 완성하기

서론

The most influential person in my life is comedian Yoo Jae-Seok. He is my role model in many ways.

제 인생에 있어서 가장 영향을 미친 사람은 코미디언 유재석 씨입니다. 저는 그에게 많은 것을 배웠습니다.

본론

Main Point 1 어려움을 극복하고 대한민국 최고의 MC 자리에 오름

First, he is at the peak of his profession. He became one of the best MC in Korea after going through numerous hardships.

첫째로 그는 자신의 분야에서 최고의 자리에 있습니다. 많은 어려움을 딛고 대한민국 최고의 MC가 됐습니다.

Support 객관적 근거

Yoo Jae-Suk was named top entertainer at year-end event more than 6 times. He made a grand slam and won the MBC, KBS and SBS entertainment awards in the comedian and television host category. And he is the first Korean celebrity to achieve this. To make it to the top position, he has been through many of hurdles in his life. He failed to attract attention from the public when he made his debut and it lasted for many years. But he never gave up his dream and has worked diligently to improve his abilities. And finally he made a name for himself 'MC of the nation'. From him, I learned that 'Effort never betrays'.

유재석 씨는 방송 연예 대상에서 6번 이상 대상을 수상했습니다. 그는 MBC, KBS, SBS에서 코미디 및 TV 진행 분야에서 대상을 받아 그랜드 슬램을 달성한 최초의 코미디언입니다. 그는 최고의 자리에 오르기까지 인생에서 많은 어려움을 극복했습니다. 데뷔했을 때 대중들의 관심을 끌지 못했고 수년 간 무명시절을 겪었습니다. 그러나 꿈을 포기하지 않았고 실력을 쌓기 위해 성실히 노력했습니다. 그리고 결국 '국민 MC'라는 이름을 얻었습니다. 저는 그에게서 '노력은 절대 배신하지 않는다'는 것을 배웠습니다.

Tip 그 사람의 어떤 모습 때문에 자신이 영향을 받았는지 구체적인 사례를 들어가면서 설명한다.

Main Point 2 겸손과 배려의 리더십

Second, even if he is at the peak of his profession, he does not lose his humble and considerate attitude.

둘째로, 그는 최고의 자리에 있지만 겸손하고 배려하는 태도를 잃지 않습니다.

Support 자신의 예(견해)

When we watch variety programs, we can see different types of hosts. Some lead the show in charismatic ways, and some moderate the show with soft moods allowing guest speakers to speak comfortably. Of the two, You Jae-Seok is the latter. In his programs, he always keeps an upbeat attitude. He tries to involve everyone in his show so no one feels left out. I believe a leader should be humble and let others stand out. I want to learn and adopt this attitude from him.

예능 프로그램을 보면 다양한 스타일의 사회자를 볼 수 있습니다. 카리스마 있게 게스트를 이끌어가는 사회자, 분위기를 부드럽게 만들어 게스트가 편안하게 이야기할 수 있게 만들어주는 사회자 등 다양한 스타일이 있습니다. 유재석 씨는 후자입니다. 그의 프로그램을 보면 말 한마디를 하더라도 배려해 누구 하나 소외되지 않게 게스트를 참여시키려 하고, 항상 분위기를 띄워줍니다. 자신을 낮추고 자신의 주변 사람을 더 돋보이게 만드는 것은 리더에게 꼭 필요한 자질이라고 생각합니다. 저는 유재석 씨에게 이런 모습을 배우고 싶습니다.

Tip 왜 그 사람이 자신이 생각하는 롤 모델인지, 그에 대한(태도, 말, 업적 등) 자신의 견해를 들어 설명한다.

 결론

He became the best comedian after many years of endless hardships. And at the top, he shows us how humble and considerate he is as a leader. I was inspired by his diligence and true leadership qualities.

그는 끊임없는 노력으로 수년간의 무명생활 끝에 최고의 코미디언이 됐습니다. 그리고 최고의 자리에서도 겸손과 배려의 리더십을 보여줬습니다. 저는 그의 성실함과 진정한 리더십에 매우 감명 받았습니다.

Tip 자신에게 영향을 준 부분을 다시 한 번 언급하면서 정리하고 마무리한다.

VOCABULARY

influential 영향력 있는 | **comedian** 코미디언 | **role model** 롤 모델, (존경하고 본받고 싶도록) 모범이 되는 사람 | **profession** 직업 | **hardship** 고난, 역경 | **top entertainer** 최고의 예능인 | **grand slam** 그랜드 슬램 | **entertainment awards** 연예대상 | **achieve** 달성하다 | **hurdle** 장애물, 허들 | **diligently** 부지런히, 열심히 | **betray** 배반하다 | **humble and considerate attitude** 겸손하고 배려 깊은 태도 | **charismatic** 카리스마 있는 | **latter** 후자의 | **upbeat** 긍정적인, 낙관적인 | **feel left out** 소외감을 느끼다 | **stand out** 돋보이다 | **endless** 끊임없는 | **inspire** 고무[격려]하다

Let's Speak!

이번엔 내가 주인공이 되어 영어로 말해보자.

■ 서론

■ 본론

■ 결론

DAY 15 가장 친한 친구

Who is your best friend?
가장 친한 친구는 누구입니까?

MINDSET 대화에 임하는 자세 갖추기

이 질문에 누군가의 이름이나 얼굴이 바로 떠오른다면 여러분은 행복한 사람이다. 집보다 학교에서 더 많은 시간을 보내는데, 친한 친구 하나 없다면 학교생활은 결코 즐겁지만은 않을 것이다. 등하교를 같이 하고, 쉬는 시간 함께 수다 떨고, 점심시간에 도시락을 나눠먹는 소소한 일들이 훗날 여러분에게 소중한 추억으로 남을 것이다. 하지만 죽기 전에 진정한 친구 3명만 만들어도 인생에서 성공했다는 말이 있을 정도로 진정한 친구를 만들기는 생각보다 쉬운 일은 아니다. 여러분의 가장 친한 친구는 누구인가? 그 친구와 어떤 계기로 친해졌고 그의 어떤 면이 좋은지, 나와의 공통점과 차이점은 무엇인지 생각해보자.

QUESTION 질문 유형

- **Who has been your most memorable friend so far?**
  지금까지 가장 기억에 남는 친구는 누구입니까?

- **Tell me about the friend you like best.**
  가장 좋아하는 친구에 대해 말해보세요.

- **What do you think are important factors for a best friend?**
  베스트 프렌드의 중요한 점은 무엇이라고 생각하십니까?

Step 1 Brainstorming _ 주제와 관련 있는 키워드 떠올리기

좋아하는 이유	리더십이 있다 have leadership skills 입이 무겁다 be secret as the grave 마음이 착하다 be kindhearted 매력이 있다 be charming 남자답다 be a real man 입바른 소리를 하다 speak in a straightforward manner 말을 잘 들어주는 사람이다 be a good listener
공통점	닮았다 look alike 공통점이 있다 have something in common 공통점이 많다 have a lot in common 취향이 비슷하다 have the same tastes 성격이 비슷하다 have similar personalities
함께 하는 활동	영화관에 가다 go to the movie theater 친구와 수다를 떨다 have a chat with a friend 운동을 함께 하다 exercise together 쇼핑하러 가다 go shopping 군것질 하다 have a snack 야외에서 운동하다 play sports outside

Step 2 | **Pattern** _ 어떤 공식으로 말할지 결정하기

서브토픽 공식

주제와 관련된 하부 카테고리를 핵심 포인트로 잡는 방식이다. 예를 들어 친구가 주제라고 한다면 친구와 언제 만났는지, 친구의 성격이나 외모는 어떠한지, 친구와의 공통점은 무엇인지, 그 친구를 좋아하는 이유는 무엇인지, 친구와 함께 하는 활동은 무엇인지 등을 핵심 포인트로 정할 수 있을 것이다.

Step 3 | **Point** _ 강조하고 싶은 핵심 포인트 정리하기

서브토픽 공식을 이용해 가장 친한 친구를 어떻게 만났고 그 친구를 좋아하는 이유에 대해 할 말을 정리해본다.

Main Point 1	만난 시기, 계기 met her in the 5th year of elementary school
Support	자신의 예(경험) 전학 온 내가 학교생활에 적응할 수 있도록 도와주었음
Main Point 2	친구와의 공통점 what makes her my best friend
Support	주변의 예(견해) + 자신의 예(경험) 외모는 물론 취향도 서로 비슷함

Outline _ 핵심 포인트에 살을 붙여 스크립트 완성하기

I would like to introduce my best friend, Hyun-Jin. I will tell you when and how I met her and what makes her my best friend.
저의 가장 친한 친구인 현진이를 소개하려고 합니다. 그 친구를 언제, 어떻게 알게 되었고 어떻게 가장 친한 친구가 되었는지에 대해서 말씀드리겠습니다.

Main Point 1 만난 시기, 계기

The first time I met her was in the 5th year of elementary school.
제가 처음 현진이를 만난 건 초등학교 5학년 때였습니다.

Support 자신의 예(경험)

I came back to Korea from 2 years of staying in America with my family. I felt a bit awkward on my first day at school, but Hyun-Jin asked me to have lunch together. That's how we started to build our friendship. Since then, she has helped me a lot to adapt to the new surroundings.
저는 2년 동안 가족과 미국생활을 하고 한국으로 돌아왔습니다. 첫 등교날 좀 어색했는데 현진이가 함께 점심을 먹자고 했습니다. 그때부터 저희는 우정을 쌓게 되었습니다. 그날 이후 현진이는 제가 새로운 환경에 적응할 수 있도록 많이 도와주었습니다.

Tip 친구가 된 계기를 구체적인 일화로 제시했다. 친하게 된 계기는 상대의 궁금증을 자극할 만한 소재이다.

Main Point 2 친구와의 공통점

Now I want to go on to what makes her my best friend. Definitely, we have things in common.

이번엔 현진이가 어떻게 저의 가장 친한 친구가 되었는지 말씀드리겠습니다. 확실히 저희들은 공통점을 가지고 있습니다.

Support 주변의 예(견해) + 자신의 예(경험)

People often say that we look like sisters, because we are the same height, with a similar hair style, and even a similar build. Not only appearance but also our tastes are similar. We like to watch the same movies, buy the same clothes when shopping, and even pick the same songs in a singing room. I feel very connected with her because she understands me well.

키, 머리모양, 체격이 비슷해서 사람들은 저희를 두고 자매 같다고 합니다. 저희는 외모뿐 아니라 취향도 비슷합니다. 같은 영화를 보고 쇼핑할 때도 같은 옷을 사고 노래방에서조차 같은 곡을 고릅니다. 현진이가 저를 잘 이해하기 때문에 함께 있으면 잘 통한다고 느껴집니다.

> **Tip** 가장 친한 친구가 될 수 있었던 이유에 대해 구체적인 예로 설명해줄 수 있다. 여기서는 공통되는 외모와 취향을 예로 들었다.

결론

I have been her friend for more than 3 years and I feel lucky to have met her. I would like to keep our friendship for ever after.

현진이와는 3년 이상 된 친구사이인데 그 친구를 만난 것은 행운이라고 생각합니다. 앞으로도 우리의 우정을 꼭 이어나가고 싶습니다.

> **Tip** 앞으로 그 친구와 계속 친하게 지내고 싶다고 자신이 바라는 점을 이야기하면서 마무리한다.

VOCABULARY

introduce 소개하다 | elementary school 초등학교 | awkward 어색한 | adapt to ~에 적응하다 | surroundings 환경 | in common 공통되는 | similar build 비슷한 체격 | not only A but also B A뿐만 아니라 B도 | appearance 외모 | taste 취향 | feel connected 통하다

LET'S SPEAK!

이번엔 내가 주인공이 되어 영어로 말해보자.

■ 서론

■ 본론

■ 결론

DAY 16 좋아하는 스포츠

What kind of sports do you like?
어떤 운동을 좋아하세요?

MINDSET **대화에 임하는 자세 갖추기**

아주 친한 사이가 아니라면 종교나 정치 등과 관련된 대화는 피해야 한다. 가벼운 대화를 원한다면 스포츠, TV, 영화 등의 엔터테인먼트와 관련된 주제가 무난하다. 좋아하는 운동을 이야기할 경우 그 운동을 좋아하게 된 계기라든지, 운동과 관련된 자기만의 에피소드, 배운 점 등을 생각해서 이야기를 풀어갈 수 있다. 상대방과 좋아하는 운동이 일치할 경우 그 부분에 초점을 맞추어 깊이 있게 이야기한다면 더 많은 공감대를 얻을 수 있을 것이다.

QUESTION **질문 유형**

- What do you think about the Korean soccer team in the up-coming World Cup?
  이번 월드컵에서 한국 축구가 어떨 것 같나요?

- What are the most popular sports in Korea?
  한국에는 어떤 스포츠가 인기 있나요?

- Who will win the Korean professional baseball league this year?
  올해 한국 프로야구 우승자는 누가 될 것 같나요?

- Who is the Olympic gold medalist in taekwondo?
  올림픽 태권도 골드 메달리스트는 누구죠?

Step 1 Brainstorming _ 주제와 관련 있는 키워드 떠올리기

스포츠 종목	야구 baseball 축구 soccer(association football) 미식축구 American football 농구 basketball 피겨 스케이트 figure skating 골프 golf 등산 mountaineering 태권도 taekwondo 아이스 하키 ice hockey 럭비 rugby
좋아하는 이유	운동선수 player, athlete 역전승 come-from-behind victory 그 이유는 the reason why 기분 전환 refreshment ~을 잘하다 be good at 재미있다 exciting, thrilling ~의 열렬한 팬이다 be a big fan of ~에 빠져있다 be into ~를 응원하다 root for, cheer on
배울 점	나는 ~를 배웠다 I learned a lesson 팀워크 teamwork 강한 의지 strong will 스포츠 경기 (올림픽, 월드컵 등) sports match 국가 대표 선수 a member of the national team 금/은/동 메달리스트 gold/silver/bronze medalist 국제올림픽조직 위원회 the International Olympic Committee (IOC) 월드컵 결승전에 오르다 make it into the World Cup finals 출전자격 qualification

Step 2 **Pattern** _ 어떤 공식으로 말할지 결정하기

서브토픽 공식

좋아하는 스포츠가 한 가지일 때는 그것이 왜 좋은지를 다양한 각도에서 설명하면 된다. 좋아하는 선수가 있기 때문일 수도 있고, 친구들과 함께 할 수 있는 운동이라서 좋을 수도 있다. 좋아하는 스포츠가 여러 가지라면 각 스포츠에 대한 이유를 설명해주면 된다. 상대방과 내가 좋아하는 운동이 같은 경우 공감대를 형성할 수 있을 것이다.

- 지금 하고 있는 스포츠
- 즐겨보는 스포츠: 선수, 응원 등 좋아하는 이유를 언급
- 새롭게 관심을 갖게 된 스포츠: 예) 김연아 선수의 우승으로 피겨 스케이팅에 관심을 갖게 되는 경우

Step 3 **Point** _ 강조하고 싶은 핵심 포인트 정리하기

서브토픽 공식을 이용해 좋아하는 스포츠인 야구와 축구에 대해 할 말을 정리해본다.

Main Point 1	관람하기를 좋아하는 운동, 야구 love watching baseball
Support	자신의 예(경험) 초등학교 시절 아버지를 따라 야구 경기장에 갔다가 야구를 좋아하게 됨
Main Point 2	즐겨하는 운동, 축구 enjoy playing soccer
Support	자신의 예(경험) 축구를 통해 팀워크와 리더십 기술을 배움

Step 4 Outline _ 핵심 포인트에 살을 붙여 스크립트 완성하기

서론

Out of all the sports, I enjoy baseball and soccer the most.
많은 스포츠 중에서 저는 야구와 축구를 가장 좋아합니다.

본론

Main Point 1 관람하기를 좋아하는 운동, 야구

Regarding baseball, I can't play it well but I really love watching it.
야구에 관해서는 제가 야구를 할 줄은 모르지만 경기를 보는 것을 정말 좋아합니다.

Support 자신의 예(경험)

I have been watching baseball since elementary school. One day, my father took me to the stadium to watch a baseball game. All the excitement and the cheering that I felt on that day turned me into a huge baseball fan. That's why I love watching baseball.

저는 초등학교부터 야구를 관람했습니다. 어느 날 아버지께서 저를 경기장에 데려가주셔서 야구 경기를 보게 됐습니다. 그날 느꼈던 흥분과 열기가 저를 야구팬으로 만들었습니다. 그래서 야구를 보는 것을 제일 좋아합니다.

Tip 자신이 야구를 좋아하게 된 계기를 들어 이야기를 확장시킨다.

Main Point 2 즐겨하는 운동, 축구

I enjoy playing soccer with my friends during P.E. (physical education) and after school.

저는 체육시간과 방과 후에 친구들과 축구하는 것을 좋아합니다.

Support 자신의 예(자신의 경험)

I began to learn soccer while I followed my best friend. As time went by I started to enjoy playing soccer. Soccer is a very social sport with many benefits. I learned the value of team work and I developed leadership skills on the field.

제일 친한 친구를 따라 축구를 배우게 되었습니다. 시간이 지날수록 점점 축구하는 것을 즐기게 됐습니다. 축구는 많은 장점이 있는 아주 사교적인 운동입니다. 팀워크의 가치를 배웠고 필드에서 리더십 기술도 기를 수 있었습니다.

Tip 스포츠를 하다 보면 팀워크, 페어플레이 정신, 통솔력, 전략의 중요성 등 다양한 것을 배울 수 있다. 이를 적절히 활용하여 자신이 좋아하는 운동을 통해 배운 점을 설명해보자.

That's my case. How about you?

이것이 제 경우입니다. 어떤 스포츠를 좋아하세요?

Tip 상대방이 좋아하는 스포츠가 무엇인지 물어본다.

VOCABULARY

out of all 모든 ~중에서 | regarding ~에 관해서 | stadium 경기장, 스타디움 | take someone to 누구를 ~에 데리고 가다 | excitement 흥분, 신남 | cheering 기운을 돋우는 | huge 큰 | P.E. (physical education) 체육시간 | develop 성장하다, 발달하다 | benefit 혜택, 이득 | learn 배우다 | value 가치 | leadership 리더십 | on the field 필드에서, 현장에서

LET'S SPEAK!

이번엔 내가 주인공이 되어 영어로 말해보자.

■ 서론

■ 본론

■ 결론

DAY 17 스트레스 해소

How do you manage stress?
스트레스를 어떻게 푸세요?

MINDSET 답변에 임하는 자세 갖추기

요즘 학생들의 스트레스가 이만저만이 아니다. 학교 수업은 기본이고 방과 후 수업에 학원까지 치열한 경쟁 속에 내몰리며 몸이 열 개라도 모자랄 판이다. 어디 그뿐인가. 왕따, 학교 폭력, 성적 고민, 외모 고민 등 지금 이 순간에도 말 못할 고민으로 스트레스에 시달리는 학생들이 적지 않을 것이다. 하지만 심한 스트레스는 몸과 마음을 지치고 병들게 한다. 스트레스를 이겨내고 해소할 방법을 찾는 것은 그래서 중요하다. 운동, 휴식, 문화생활 즐기기 등 스트레스 해소법도 다양할 것이다. 여러분의 스트레스 해결 방법은 무엇인지 말해보자.

QUESTION 질문 유형

- Could you tell me your own way to get rid of stress?
  스트레스를 해소하는 본인만의 방법을 말해주시겠어요?

- How do you manage stress during the exam period?
  시험 기간 중 스트레스에 어떻게 대처하세요?

- What is the main cause of stress for students?
  학생들에게 가장 주요한 스트레스 원인은 무엇입니까?

- When do you feel most stressed out?
  언제 가장 스트레스를 받나요?

Step 1 Brainstorming _ 주제와 관련 있는 키워드 떠올리기

스트레스 증상	소화불량 indigestion 만성피로 chronic fatigue 긴장한 anxious 불안한 nervous 우울한 depressed 마음이 산란한 distracted 식욕을 상실하다 lose appetite 육체적, 정신적으로 영향을 끼치다 affect physically and mentally
원인	대인관계의 불화 conflict in interpersonal relations 정신적 압박감 mental pressure 과로 overwork 재정난 financial pressure 마감을 맞추다 meet deadlines
스트레스 관리법	안정 relaxation 심호흡하다 take a deep breath 스트레스를 해소하다 relieve, get rid of stress 규칙적인 운동 regular exercise 명상 meditation

Step 2 **Pattern** _ 어떤 공식으로 말할지 결정하기

서브토픽 공식

스트레스를 해결하는 방법에는 음악, 영화, 술, 수다, 잠, 운동, 명상 등 다양한 방법이 있을 것이다. 그중 2~3가지를 택하여 핵심 포인트를 잡을 수 있다. 일반적으로 추천하는 방법을 이야기해도 되겠지만, 가능하면 실제 경험을 바탕으로 자신만의 방법을 소개하는 것이 관심과 집중을 이끌어내기에 더 효과적일 것이다.

Step 3 **Point** _ 강조하고 싶은 핵심 포인트 정리하기

스트레스 해소법인 운동과 휴식에 대해 서브토픽 공식을 이용해 할 말을 정리해본다.

Main Point 1	운동 exercise
Support	자신의 예(경험) 일주일에 세 번 정도 달리기 함
Main Point 2	휴식 take a break
Support	자신의 예(경험) 눈을 감고 스무 번 정도 심호흡을 함

Step 4 **Outline** _ 핵심 포인트에 살을 붙여 스크립트 완성하기

서론

Definitely students in Korea live a stressful life due to the competitive society. Unless we manage stress, our efficiency in studies will drop. Let me tell you two things that I do.

경쟁적인 사회 때문에 한국 학생이라면 틀림없이 스트레스 받는 삶을 살고 있을 것입니다. 스트레스를 관리하지 않는다면 학업 효율이 떨어질 것입니다. 제가 하는 두 가지 스트레스 해소법을 말씀드리겠습니다.

> **Tip** 스트레스를 해소법을 소개하기에 앞서 스트레스가 우리에게 왜 해로운지 문제점을 인식하여 관심과 집중을 유도하는 것도 좋다.

본론

Main Point 1 운동

First, I exercise.

첫째로, 저는 운동을 합니다.

Support 자신의 예(경험)

If our body cannot cope with our schedule we can easily get stressed. I exercise at least three times a week by running to increase my body strength and relieve stress. After running, I feel so energized.

우리 몸이 우리의 일정을 소화하지 못하면 쉽게 스트레스를 받을 수 있습니다. 몸을 건강하게 하고 스트레스를 해소하기 위해 적어도 일주일에 세 번 정도 달리기를 합니다. 달리고 나면 몸에 활기가 느껴집니다.

Main Point 2 휴식

Secondly, when my stress level gets too high, I take a break and stop doing what I have been doing.
둘째로, 저는 스트레스 정도가 너무 높아지면 하던 것을 멈추고 휴식을 취합니다.

Support 자신의 예(경험)

I close my eyes, breathe deeply about 20 times, and try to clear stressful thoughts from my mind. As my breathing gets deeper, I can feel the tension in my face and head fading.
눈을 감고, 스무 번 정도 긴 호흡을 하고 머릿속에서 스트레스 받는 생각을 없애려고 노력합니다. 더 깊게 숨을 쉬면 쉴수록 얼굴과 머리에 있던 긴장이 사라지는 것을 느낄 수 있습니다.

> **Tip** 자신만의 휴식 노하우를 알려주며 어떤 효과가 있었는지를 구체적으로 설명해주었다. 자신의 경험을 예를 들어 말하면 듣는 이의 공감을 훨씬 잘 이끌어낼 수 있다.

 These two ways help me to reduce stress and become more focused on my studies. Why don't you try them?
이러한 두 가지 방법은 스트레스 해소에 도움을 주어 공부에 더 집중하게 해줍니다. 제가 하는 방법들을 한번 시도해보세요.

VOCABULARY

definitely 분명히, 틀림없이 | **competitive** 경쟁적인 | **efficiency** 효율성 | **drop** 떨어지다 | **cope with** ~에 대처하다 | **get stressed** 스트레스를 받다 | **at least** 적어도 | **three times a week** 일주일에 3번 | **relieve stress** 스트레스를 해소하다 | **get too high** 매우 높아지다 | **take a break** 휴식을 취하다 | **close one's eyes** 눈을 감다 | **breathe deeply** 깊게 숨 쉬다 | **clear stressful thoughts** 스트레스 받는 생각을 없애다 | **tension** 긴장 | **fade** 희미해지다, 사라지다 | **reduce** 줄이다, 감소시키다 | **focus on** ~에 집중하다

LET'S SPEAK!

이번엔 내가 주인공이 되어 영어로 말해보자.

■ 서론

■ 본론

■ 결론

영어로 내생각 말하기

3 Discussion/ Debate & Presentation
_ 사회적 이슈에 대한 내 의견 말하기

1. **Self Introduction**
   나에 대해 말하기

2. **Daily Conversation**
   일상적인 대화

3. **Discussion/Debate & Presentation**
   사회적 이슈에 대한 내 의견 말하기

DAY 18 성형수술

What do you think about plastic surgery?
성형수술에 대해 어떻게 생각하세요?

MINDSET | **대화에 임하는 자세 갖추기**

어느 순간 우리는 아이돌 스타가 대중문화를 이끌어가는 시대에 살고 있다. 어리고 풋풋한 소녀 이미지부터 섹시한 걸그룹까지 우리가 생각하는 미의 기준은 우리도 의식하지 못하는 사이 점점 TV속 스타에 맞춰져가고 있다. 대중문화의 홍수 속에서 연예인의 외모가 곧 미의 기준이 되고 있는 요즘, 성형에 대한 관심도 어느 때보다 뜨거운데… 얼굴 기형이나 외모 콤플렉스로 고통 받는 사람들에게 희망을 주는 긍정적인 효과도 있지만, 외모 지상주의를 부추기는 부정적인 효과 또한 만만치 않다. 성형에 대한 여러분의 생각은?

QUESTION | **질문 유형**

- **Do you support the idea of cosmetic surgery?**
  성형수술에 찬성하세요?

- **Are you for or against cosmetic surgery?**
  성형수술에 찬성하세요, 반대하세요?

- **What do you think is the main reason people get plastic surgery?**
  사람들이 성형수술을 하는 주된 이유가 뭐라고 생각하세요?

- **What do you think about the tendency to evaluate people by their appearance?**
  사람들을 외모로 평가하는 분위기에 대해 어떻게 생각하나요?

Step 1 Brainstorming _ 주제와 관련 있는 키워드 연상하기

성형수술의 문제점	외모 지상주의 judging based on looks 부자연스러운 unnatural 성형 부작용 side effects of cosmetic surgery 중독 addiction 외모에 집착 obsession with appearance 내적 아름다움의 간과 ignorance of inner beauty
성형수술	미용성형 cosmetic surgery 지방 제거술 liposuction 레이저 박피술 laser skin resurfacing 쌍꺼풀을 하다 have eyelid surgery 코를 높이다 have nose lift surgery
성형수술의 이유	매력적으로 보이다 look attractive, charming 날씬한 slender 자신감 self-confidence 외모에 의해 평가 받는 judged on appearance 더 나은 기회 better opportunities

Step 2 | **Pattern** _ 어떤 공식으로 말할지 결정하기

찬반 공식 / 원인-결과 공식 / 문제해결 공식

찬반토론 공식으로 성형수술에 대해 찬성인지 반대인지를 밝히고 그 이유를 들어주는 말하기가 가능하다. 원인-결과 공식으로 성형수술에 집착하는 이유와 그 결과를 핵심 포인트로 잡아서 말할 수도 있다. 핵심 포인트는 '난 ~라고 생각해' 식으로 주관적인 의견만 나열하기보다는 주변의 사례, 뉴스, 기사, 통계자료 등 현실적이고 객관적인 근거로 뒷받침될 수 있는 것을 골라야 한다. 구체적인 수치나 전문가의 의견을 곁들인다면 좀 더 설득력을 확보할 수 있을 것이다. 주변에 성형수술 경험을 가지고 있는 사람을 예로 드는 것도 현실감이 날 것이다.

Step 3 | **Point** _ 강조하고 싶은 핵심 포인트 정리하기

성형수술에 대해 찬성과 반대의 입장에서 각각 의견을 정리해본다.

	Pros 찬성	Cons 반대
Main Point 1	외모도 경쟁력, 더 많은 기회 획득 being more attractive gives more options	진정한 개성의 부재 have superficial personality
Support	객관적 근거(뉴스, 연구 결과) 면접이나 직장에서 유리한 위치	주변의 예 + 객관적 근거(전문가 의견) 아이돌 스타, 성형미인의 경우
Main Point 2	자신감 상승 lift one's confidence	부작용의 위험 could have side effects
Support	주변의 예(친구 이야기) 성형수술 후 자신감을 회복한 친구	주변의 예 + 객관적 근거(전문가 의견) 심한 고통에 시달리거나 죽음에 이르는 경우

Step 4 **Outline** _ 핵심 포인트에 살을 붙여 스크립트 완성하기

Pros 찬성

서론
I agree with plastic surgery because it creates more opportunities and builds confidence.
저는 개성과 보다 좋은 기회를 만들어준다는 점에서 성형수술에 찬성합니다.

Tip 먼저 자신이 찬성하는지 반대하는지 입장을 분명히 밝히는 것이 좋다.

본론
Main Point 1 외모도 경쟁력, 더 많은 기회를 획득
First, being more attractive provides more options.
우선, 매력적으로 보이면 선택권을 더 많이 갖게 됩니다.

Support 객관적 근거(뉴스, 연구 결과)
You might have heard the news that many job hunters are willing to undergo cosmetic surgery to be more competitive at interviews. A study shows that attractive applicants are asked fewer questions during job interviews. Also they are more likely to be promoted, and earn 10% more in salary than average or unattractive co-workers. People are judged on their appearance all the time, and it is a reality that being better looking provides advantages in life.
구직자들이 인터뷰에서 보다 경쟁력을 갖추려고 기꺼이 성형수술을 한다는 뉴스를 들은 적이 있으실 겁니다. 한 연구에 따르면 매력적인 면접자들이 인터뷰 시 질문을 덜 받고 승진도 잘 되며 보통이거나 덜 매력적인 동료들보다 10퍼센트 정도 많은 임금을 받는다고 합니다. 사람들은 언제나 외모로 평가되고 더 나은 외모가 살아가는 데에 이점이 있는 것이 현실입니다.

Tip 뉴스, 연구 결과를 언급할 때 구체적인 출처를 밝혀주면 신뢰감을 높일 수 있다.

Main Point 2 자신감 상승

Next, I am certain that successful cosmetic surgery can lift people's confidence.
다음으로, 저는 성공적인 성형수술은 사람들의 자신감을 높여준다고 확신합니다.

Support 주변의 예(친구 이야기)

For example, one of my friends had a problem with her nose. Her nose was terribly crooked and her classmates used to mock her. That's why she would always hang her head in shame. To my surprise, plastic surgery restored her self-confidence to great lengths. Now she is the one who is the most cheerful and active in class.
예를 들어, 제 친구 하나는 코에 문제가 있어 자신감이 부족했습니다. 코가 심하게 비뚤어져서 학급 친구들에게 놀림을 당하곤 했지요. 그래서 창피함에 항상 고개를 들지 못했습니다. 놀랍게도, 성형수술은 그 친구의 자신감을 상당히 회복시켜줬습니다. 현재 그 친구는 학급에서 가장 활달하고 적극적인 사람이 되었습니다.

Tip 주변의 사례를 언급하면서 성형수술이 가져다주는 이점을 현실성 있게 설명해 줄 수 있다.

결론

For these reasons I am in favor of plastic surgery.
이러한 이유로, 저는 성형수술에 찬성합니다.

VOCABULARY

plastic surgery 성형수술 | confidence 자신감 | attractive 매력적인, 사람을 끌어당기는 | option 선택(할 수 있는 것) | job hunter 구직자 | competitive 경쟁력 있는, 경쟁을 하는 | applicant 지원자 | promote 승진시키다 | average 평균적인 | co-worker 동료 | appearance 외모 | all the time 늘, 항상 | lift 올리다 | confidence 자신감 | terribly 심하게 | crooked 비뚤어진 | mock 조롱하다, 비난하다 | hang one's head in shame 부끄러워서 고개를 숙이다 | to great lengths 대단히 | cheerful 활기찬

3. 사회적 이슈에 대한 내 의견 말하기

Cons 반대

서론

I am against cosmetic surgery because of lack of personality and some side effects.

저는 개성 부족과 부작용 측면에서 성형수술을 반대합니다.

> **Tip** 자신이 반대하는 입장임을 밝혀준다.

본론

Main Point 1 진정한 개성의 부재

First, I think that people with plastic surgery have superficial personalities.

첫째로, 저는 성형수술한 사람들은 진정한 개성이 없다고 생각합니다.

Support 주변의 예 + 객관적 근거(전문가 의견)

There are many idol stars who look alike. Sometimes, it is hard to distinguish who's who because most of them get a similar nose job, double-eyelid surgery, and even get a facial Botox injection. It doesn't only apply to idol stars. Plastic surgeons say ordinary people bring a photo of celebrities to ask for the same nose, eyes, and facial shape. In my opinion, man-made beauties are not charming because they look the same. I prefer keeping my natural looks even though I'm not pretty.

비슷하게 생긴 아이돌 스타들이 많습니다. 그들 대부분 비슷한 코성형, 쌍꺼풀 수술을 하고 보톡스를 주입하여 때때로 누가 누구인지 구분하기 힘들죠. 이건 아이돌 스타들에게만 해당되는 건 아닙니다. 성형외과 의사들은 일반인의 경우 유명인의 사진을 가져와 그들과 같은 코, 눈, 얼굴형을 원한다고 말합니다. 제 의견으로는 성형 미인은 다 똑같기 때문에 매력적이지 않습니다. 저는 외모가 예쁘지 않다 해도 자연스러운 모습을 간직하고 싶습니다.

> **Tip** 개성이 없어 반대한다는 주장을 아이돌 스타의 경우와 일반인의 경우로 예를 들어서 근거를 제시할 수 있다.

Main Point 2 부작용의 위험

Next, I believe that cosmetic surgery can cause some side effects.

다음으로, 저는 성형수술이 부작용을 일으킬 수 있다고 생각합니다.

Support 주변의 예 + 객관적 근거(전문가 의견)

I often heard that there are many people who are suffering from the side effects of the surgery. Experts warn that the physical pain is quite severe. Moreover, the surgery can even lead them to death. Also, years after the surgery, they might face later side effects so some people live the rest of their lives with regret.

성형수술 부작용으로 고통 받는 사람들이 많다는 말을 자주 들었습니다. 전문가들은 신체적 고통이 아주 심하다고 경고합니다. 게다가 성형은 죽음까지 이르게 할 수도 있습니다. 또한 성형수술을 하고 몇 년 뒤, 부작용에 시달릴 수도 있어서 어떤 이들은 남은 생을 후회하며 살아야 할 수도 있습니다.

Tip 성형수술 부작용은 뉴스를 통해서나 주변의 이야기를 통해 쉽게 접할 수 있다. 사례가 풍부한 만큼 자신의 주장을 지지하기에 유리하다.

I think true beauty shines not from their artificial faces but from their natural looks. That's why I'm against plastic surgery.

참된 아름다움은 인공적인 얼굴이 아닌 자연스러움에서 빛난다고 생각합니다. 그것이 제가 성형수술을 반대하는 이유입니다.

Tip 성형에 반대한다는 자신의 입장을 한 번 더 강조한다.

VOCABULARY

personality 성격, 개성 | side effects 부작용 | superficial 표면적인, 겉으로 드러내는 | look alike 닮다 | distinguish 구별하다 | nose job 코 성형 | double-eyelid 쌍꺼풀 | facial 얼굴의, 안면의 | Botox injection 보톡스 주사 | apply to ~에 적용하다 | ordinary 일반의 | celebrity 연예인 | man-made beauty 성형미인 | side effect 부작용 | suffer from ~로 고생하다 | physical pain 육체적 고통 | severe 심한 | face ~을 직면하다 | with regret 후회하며

LET'S SPEAK!

이번엔 내가 주인공이 되어 영어로 말해보자.

■ 서론

■ 본론

■ 결론

DAY 19 수준별 수업

What do you think about dividing classes based on achievement level?

학업수준에 따라 반을 나누는 것에 대해 어떻게 생각하세요?

MINDSET 답변에 임하는 자세 갖추기

과거 학교 교육에서는 학생들의 수준과 상관없이 모두 한 교실에서 같은 수업을 받았다. 하지만 그에 대한 문제점이 제기되었고 학습 효율성을 위해 영어, 수학 등의 과목은 학생들의 시험 성적에 따라서 3~4개 수준으로 나눠 수업을 진행하고 있다. 얼핏 들으면 수준에 맞는 수업을 하니 좋을 것 같지만 그에 따른 문제가 없는 것은 아니다. 우반과 열반 간의 성적 격차가 심화되고 학생들 간의 경쟁이 과열되며 미묘한 감정적 대립까지 생기기도 하는 등 여러 가지 문제가 제기되고 있는데… 수준별 수업에 대한 여러분의 생각과 입장은 어떠한지 한번 말해보자.

QUESTION 질문 유형

- Are you for or against dividing classes based on students' achievement level?
  수준별 수업에 대해 찬성하십니까, 반대하십니까?

- What do you think are the problems of dividing classes based on students' achievement level?
  수준별 수업의 문제점이 무엇이라고 생각하세요?

- What are the benefits of taking classes based on achievement level?
  수준별 수업의 이점은 무엇인가요?

3. 사회적 이슈에 대한 내 의견 말하기

Step 1 Brainstorming _ 주제와 관련 있는 키워드 연상하기

수준별 수업 장점	장점 advantages 더 집중된 more focused 학생들의 수준에 맞다 meet the students' level 학생들이 열심히 공부하도록 동기를 부여하다 motivate students to study hard 배움의 효과를 극대화하다 maximize learning effects
수준별 수업 단점	단점 disadvantages 자신감 부족 lack of confidence 패배감에 젖다 be overwhelmed by a sense of defeat 자존감을 낮추다 lower self-esteem A를 실패자로 여기다 regard A as a failure 심한 경쟁을 과열시키다 increase excessive competition
수준별 나누기	학생 수준에 따라 반을 나누다 divide classes based on achievement level 상위반 upper-level class 하위반 lower-level class 중간수준반 mid-level class 평균 이상 above-average 평균 이하 below-average

Step 2 Pattern _ 어떤 공식으로 말할지 결정하기

찬반 공식 / 문제해결 공식

수준별 학습에 대해 찬성 또는 반대하는 입장을 밝히거나 수준별 학습의 문제점과 해결책을 제시하는 말하기가 가능할 것이다. 찬반토론이라면 찬성 또는 반대의 입장을 분명히 정하고 그 이유를 충분히 생각해두자. 본인의 생각이나 경험에서 나아가 주변 이야기, 신문기사, 전문가 의견 등을 정리해두는 것도 도움이 된다.

Step 3 Point _ 강조하고 싶은 핵심 포인트 정리하기

수준별 수업에 대해 찬성과 반대의 입장에서 각각 의견을 정리해본다.

	Pros 찬성	**Cons 반대**
Main Point 1	상위그룹의 학생들에게 양질의 교육 제공 possible for above-average students can receive a better education	학생들 간의 위화감 조성 negative impact on students' emotions
Support	객관적 근거(전문가 의견) 자신의 수준보다 높은 교육을 받아야 동기 부여가 됨, 평준화 수업은 국가 차원의 손실	주변의 예(친구 이야기) 상위그룹 학생들의 우월감 하위그룹 학생들의 열등감
Main Point 2	하위그룹의 학생들에게도 혜택 below-average students can get benefits	심한 경쟁 유발 causes serious competition
Support	부연설명 교사들이 하위그룹에만 집중해 수업할 수 있다	부연설명 상위그룹은 유지를 위해, 하위그룹은 상위반으로 올라가기 위해 스트레스

Pros 찬성

서론

I agree with dividing a class based on students' achievement level for two reasons.
저는 두 가지 이유로 수준별 수업을 찬성합니다.

> Tip 먼저 자신이 찬성하는지 반대하는지 입장을 분명히 밝힌다.

본론

Main Point 1 상위그룹의 학생들에게 양질의 교육 제공

First of all, it makes it possible for above-average students to receive a better education.
먼저, 상위그룹의 학생들은 양질의 교육을 받을 수 있습니다.

Support 객관적 근거(전문가 의견)

Education experts say learning effects can be maximized when the education level is a little higher than students' current level. This challenges them to try. Additionally, under the education equalization system, the excellent students aren't motivated. So they easily lose their interest, which is a great loss at the national level.

교육 전문가들은 교육 수준이 학생들의 현재 수준보다 조금 더 높을 때 배움의 효과가 극대화된다고 합니다. 이는 학생들이 도전하게 만듭니다. 또한 교육 평준화 시스템에서는 우수한 학생들이 자극을 받지 못합니다. 그래서 쉽게 흥미를 잃게 되는데, 이는 국가적 차원에서 큰 손실입니다.

> Tip 핵심 포인트에 대한 부연설명을 하기 위해 전문가의 의견을 이용했으며, 교육 평준화 시스템이 가져오는 손실을 들어 수준별 수업의 장점을 부각시켰다. 전문가를 언급할 때 전문 분야, 소속 등을 밝혀주면 신뢰감을 더 높일 수 있다.

Main Point 2 하위그룹의 학생들에게도 혜택

Second, below-average students can get benefits.
둘째로, 하위그룹의 학생들도 혜택을 받습니다.

Support 부연설명

They can learn more effectively because classes meet their speed and level. In traditional learning where most classes focus on the average students, teachers couldn't pay enough attention to them. Thus they got left behind. Now teachers with students who are all below-average, don't need to instruct any above-average students. They can focus on one level.

수업이 그들의 속도와 수준에 맞아서 더 효과적으로 배울 수 있습니다. 대부분의 수업이 평균 학생들에게 맞추는 전통적인 교육에서 선생님들은 하위 그룹 학생들에게 충분히 신경 쓰지 못했습니다. 그래서 그들은 뒤처지게 되었습니다. 이제는 하위그룹 학생만을 가르치는 선생님은 상위그룹 학생들을 지도할 필요가 없습니다. 그래서 한 수준에 집중할 수 있습니다.

Tip 전통적인 수업방식의 단점을 언급하면서 수준별 수업의 장점을 부각시켰다.

For these reasons I am in favor of the idea of taking classes based on students' achievement level.
이런 이유들 때문에 저는 수준별 수업에 대한 아이디어에 찬성합니다.

VOCABULARY

divide 나누다 | based on ~을 근거로 | achievement level 성취수준 | above-average 평균이상의, 상위의 | receive 받다 | learning effects 학습효과 | maximize 극대화하다 | challenge 도전하다 | additionally 덧붙여, 게다가 | education equalization system 교육 평준화 시스템 | lose one's interest 흥미를 잃다 | be a great loss 큰 손실이다 | below-average 평균이하의, 하위의 | benefit 혜택, 혜택을 보다 | effectively 효율적으로 | meet one's speed and level 속도와 수준에 맞다 | pay attention to ~에 관심을 갖다 | get left behind 뒤처지다 | instruct 가르치다, 지도하다 | in favor of ~에 찬성하다

Cons 반대

서론

I disagree with dividing classes based on students' achievement level for two reasons.
저는 두 가지 이유로 수준별 수업에 반대합니다.

> **Tip** 먼저, 찬성하는지 반대하는지 자신의 입장을 분명히 밝힌다.

본론

Main Point 1 학생들 간의 위화감 조성
First of all, it has a negative impact on students' emotions.
먼저, 그것은 학생들의 감정에 부정적인 영향을 끼칩니다.

Support 주변의 예 (친구 이야기)

Above-average students may feel superior, but on the contrary, below-average students will feel inferior. Some of my friends in the below-average group have the view that they are a failure, which lowers their self-esteem and discourages them. They are not motivated to study harder to move to the above average group. Rather, they will lack confidence, which makes them lose interest in studying.
상위그룹 학생들은 우월하다고 느끼는 반면, 하위그룹 학생들은 열등감을 느낄 것입니다. 하위그룹에 있는 제 친구 몇몇은 자신들이 실패자라는 견해를 가지고 있는데 이는 그들의 자존감을 낮추고 좌절시킵니다. 상위그룹으로 올라가기 위해 공부하려는 자극을 받지 못하고 오히려 자신감 부족으로 공부에 흥미를 잃게 될 것입니다.

> **Tip** 부연설명을 할 때 자신의 의견만이 아니라 주변 친구의 이야기까지 덧붙임으로써 주장의 근거를 보다 객관화할 수 있다.

Main Point 2 심한 경쟁 유발

Secondly, it causes serious competition.
둘째로, 수준별 학습은 심한 경쟁을 유발합니다.

Support 부연설명

I believe that at school students should not only learn study skills but also emotionally develop and make good relationships with friends and teachers. However, students are stressed in both groups. Above-average students don't want to move down and below-average students try hard to move up. In both cases, they are more likely to see their friends as competitors.

학교에서 학생들은 공부기술을 배울뿐 아니라 정서적으로 발달하고 선생님, 친구들과 좋은 관계를 형성해야 합니다. 하지만 학생들은 양쪽 그룹 모두 스트레스를 받습니다. 상위그룹 학생들은 하위그룹으로 떨어지길 원치 않고 하위그룹 학생들은 상위그룹으로 올라가기 위해 노력해야 되기 때문입니다. 양쪽의 경우 모두, 친구를 경쟁자로 보게 됩니다.

Tip 일반적인 사실을 풀어서 자신의 견해를 덧붙여 설명하면 상대방이 핵심 포인트를 이해하기 쉽게 해준다.

결론

That's why I object to taking classes based on students' achievement level.
때문에 저는 수준별 수업을 반대합니다.

VOCABULARY

negative 부정적인 | **have an impact on** ~에 영향을 미치다 | **emotion** 감정 | **feel superior** 우월감을 느끼다 | **on the contrary** 대조적으로, 반대로 | **feel inferior** 열등감을 느끼다 | **failure** 실패 | **lower** 낮추다 | **self-esteem** 자존감 | **discourage** 낙심시키다, 좌절시키다 | **lack confidence** 자신감이 부족하다 | **serious competition** 심한 경쟁 | **emotionally** 정서적으로 | **make good relationships with** ~와 좋은 관계를 맺다 | **competitor** 경쟁자 | **object to** ~을 반대하다

Let's Speak!

이번엔 내가 주인공이 되어 영어로 말해보자.

■ 서론

■ 본론

■ 결론

DAY 20 의무적 봉사활동

What do you think about compulsory volunteering?
의무적 봉사활동에 대해 어떻게 생각하십니까?

MINDSET **답변에 임하는 자세 갖추기**

학교에서 정해놓은 봉사점수를 채우기 위해서 학기 초가 되면 구립 도서관이나 동사무소, 경찰서 등에 봉사활동 신청이 밀린다. 그에 반해 장애인 시설이나 노인요양 시설에는 상대적으로 학생들의 봉사신청이 적다고 한다. 외국에서는 오래 전부터 학업성적뿐 아니라 봉사활동이나 특기, 동아리 활동 등을 대학원서나 취업원서에서 중요한 요소로 여겨왔다. 한국에서도 이제는 성적뿐 아니라 학과 외의 활동에 대한 비중이 상당하다. 봉사의 의미는 자발적으로 한다는 뜻을 포함하고 있는데 봉사시간을 점수화하고 있는 현실에서는 그 의미가 퇴색될 수도 있지 않을까. 의무적인 봉사활동의 득과 실은 무엇인지 생각해보자.

QUESTION **질문 유형**

- **Are you in favor of compulsory volunteering?**
  의무적 봉사활동에 찬성하십니까?

- **What do you think about compulsory volunteering?**
  의무적 봉사활동에 대해 어떻게 생각하세요?

- **What kind of volunteering work have you thought about?**
  어떤 봉사활동을 생각해봤나요?

Step 1 **Brainstorming** _ 주제와 관련 있는 키워드 연상하기

봉사장소	사회봉사 community service 양로원 nursing home 장애인 학교 school for the disabled 어린이 센터 children's center 공원 청소 cleaning a park
의무적 봉사활동의 장점	보람된 rewarding 성취감을 느끼다 feel fulfilled 기쁨을 느끼다 feel joy 습관화하다 make it a habit 봉사활동에 대한 인식을 넓이다 raise awareness about volunteering work 도움이 필요한 사회에 대해 배우다 learn about a community in need
의무적 봉사활동의 단점	강제적인, 의무적인 compulsory, mandatory 본래의 뜻을 잊다 forget the true meaning ~하기를 꺼리다 be reluctant to 봉사에 나쁜 인상을 갖게 되다 give a bad impression of volunteering 도움을 받는 사람들의 감정을 해치다 hurt feelings of those who are helped

Step 2 Pattern _ 어떤 공식으로 말할지 결정하기

찬반 공식 / 문제해결 공식

의무적 봉사활동을 찬성 또는 반대하는 입장을 말하는 찬반토론이나 의무적 봉사활동의 한계와 해결책을 말하는 문제해결 말하기가 가능하다. 찬반토론의 경우 자신이 어떤 입장인지 분명히 정하고 의무적 봉사활동의 필요성과 문제점에 대해 생각해본다. 문제해결 말하기라면 단순한 문제점 지적에서 벗어나 해결하는 방법에 대해서도 말해보자. 자신만의 생각이 아닌 기사나 주변 친구들의 반응, 본인의 경험담을 떠올려본다.

Step 3 Point _ 강조하고 싶은 핵심 포인트 정리하기

의무적 봉사활동에 대해 찬성과 반대의 입장에서 의견을 정리해본다.

	Pros 찬성	Cons 반대
Main Point 1	봉사에 대한 인식 향상 raises awareness of volunteering	봉사의 의미 퇴색 it's not voluntary any more
Support	부연설명 봉사의 경험이 주는 혜택	자신의 예(견해) + 주변의 예 학생들의 의무 봉사에 대한 주변의 부정적인 반응
Main Point 2	봉사의 습관화 become accustomed to volunteering work	학생들이 봉사를 하는 이유 reasons students volunteer
Support	자신의 예(경험) 봉사에 익숙하게 된 본인의 경험담	자신의 예(견해) 학점을 따기 위해 쉬운 봉사활동만을 찾는 현실

Step 4 **Outline** _ 핵심 포인트에 살을 붙여 스크립트 완성하기

Pros 찬성

서론
I agree with compulsory volunteering in two aspects.
의무적 봉사활동을 두 가지 점에서 찬성합니다.

본론

Main Point 1 봉사에 대한 인식 향상

First, it raises the awareness of volunteering work even though it starts in a compulsory situation.
우선, 의무적 봉사활동은 비록 강제적인 상황으로 시작하지만 자원 봉사에 대한 인식을 높여줍니다.

Support 부연설명

It helps students learn about a community that needs help. Also it teaches them the benefits of giving their time to the people they serve. Even though their experience didn't start from voluntary motives, their experiences can make them continue to do the work later in life.
이는 학생들이 도움이 필요한 사회에 대해 배우도록 해줍니다. 또한 봉사하는 사람들과 시간을 보내며 얻는 이점에 대해서도 가르쳐줍니다. 자발적인 동기에서 시작한 것은 아니지만 그들의 경험들은 이후 봉사를 계속하는 계기를 만들기도 합니다.

Tip 봉사활동이 자발적인 상황에서 시작된 것은 아니지만 얻을 수 있는 이점에 대해 구체적으로 설명

Main Point 2 봉사를 습관화시키는 계기 제공

Next, by compulsory volunteering, students become accustomed to volunteering work.
다음으로, 의무적 봉사활동으로 학생들은 자원봉사에 익숙하게 됩니다.

Support 자신의 예(경험)

We often say that studying is not easy unless it becomes a habit. It might be difficult to do volunteer work at the beginning but students will get used to doing it. I volunteer at the nursing center once every month. It became my routine work and I feel rather uncomfortable if I skip it.
우리는 종종 공부도 습관이 되지 않으면 하기 힘들다는 말을 합니다. 봉사활동도 처음에는 힘들겠지만 나중에는 익숙해지게 될 겁니다. 저는 한 달에 한 번씩 양로원에서 봉사합니다. 이제는 일상이 되어서 봉사활동을 빠지게 되면 오히려 이상합니다.

> **Tip** 본인의 봉사활동이 습관화된 경험을 근거로 들어 핵심 포인트를 지지했다. 이때 봉사활동의 횟수, 장소 등을 구체적으로 들어주는 것이 좋다.

 결론

To conclude, I strongly support compulsory volunteering.
결론적으로 저는 의무적 봉사활동을 강력히 지지합니다.

VOCABULARY

| compulsory volunteering 의무적 봉사활동 | aspect 관점 | awareness 인식 | community 지역, 사회 |
benefit 이득, 혜택 | voluntary 자발적인 | motive 이유, 동기 | become accustomed to -ing/get used to -ing ~하는 데 익숙해지다 | nursing center 양로원 | routine 일상적인, 반복되는 | uncomfortable 불편한 | to conclude 결론적으로 | strongly 강력히 | support 지지하다

Cons 반대

서론

I object to compulsory volunteering.
저는 의무적 봉사활동을 반대합니다.

> **Tip** 먼저, 자신이 찬성하는지 반대하는지 입장을 분명히 밝히는 것이 좋다.

본론

Main Point 1 봉사의 의미 퇴색

In my view, if volunteering is compulsory it's not voluntary any more.
제 견해로는 자원봉사가 강제적이라면 그건 더 이상 자원봉사가 아닙니다.

Support 자신의 예(견해) + 주변의 예

I believe that volunteering should be from the heart. However, I often heard students' complaints saying it's not volunteering but it's "voluntolds". Their experience should be enjoyable and fulfilling, but instead, some students might remember the experience as an awful event that they don't want to do again. Moreover, the ones who are served by them also feel unpleasant.

저는 자원봉사는 마음에서 우러나야 한다고 믿습니다. 때때로 학생들이 자원봉사가 아니라 "강제봉사"라고 불평하는 소리를 듣습니다. 봉사의 경험은 즐겁고 성취감을 주어야 합니다. 그런데 어떤 학생들은 그 경험을 아주 싫은 일로 기억해서 아마도 다시는 하기 싫을 수도 있습니다. 뿐만 아니라, 그런 학생들에게 도움을 받는 사람들 역시 불편함을 느끼게 됩니다.

> **Tip** 주변 학생들의 봉사에 대한 부정적인 반응을 이야기하여 근거를 좀 더 객관화시킬 수 있다.

Main Point 2 학생들이 봉사를 하는 이유

Next, think about why students do volunteering.
다음으로 학생들이 왜 봉사를 한다고 생각하십니까?

Support 자신의 예(견해)

They do it for the mandatory credit policy. What happens is that students only find easy work because of the fact that less meaningful community service is often easier than meaningful volunteering. Many students flock to an easy job and are not interested in a community that is really in need.

그들은 의무 학점 제도 때문에 자원봉사를 합니다. 학생들은 오로지 쉬운 일만을 찾게 되는데, 이는 의미 있는 자원봉사보다 덜 의미 있는 지역 봉사활동이 보통 더 쉽기 때문입니다. 많은 학생들은 쉬운 일에만 몰리고 정말 도움이 필요한 곳에는 관심이 없습니다.

Tip 학점을 따기 위해 쉬운 봉사활동만을 찾는 주변 현실에 대해 설명한다.

In the sense that volunteer work is not voluntary, I disagree with compulsory volunteering.
자원봉사 활동이 자발적이지 못하다는 점에서 저는 의무적 봉사활동에 동의하지 않습니다.

VOCABULARY

object to -ing/명사 ~에 반대하다 | in my view 나의 견해로는 | from the heart 마음으로부터 | complaint 불평 | fulfilling 성취감을 주는 | instead 대신에 | remember 기억하다 | awful 끔찍한 | unpleasant 유쾌하지 않은, 불편한 | mandatory 의무적인 | credit 학점 | policy 정책 | meaningful 의미 있는 | flock to ~에 모여들다 | in need 어려움에 처한 | in the sense that ~라는 의미에서 볼 때

3. 사회적 이슈에 대한 내 의견 말하기

LET'S SPEAK!

이번엔 내가 주인공이 되어 영어로 말해보자.

■ 서론

■ 본론

■ 결론

DAY 21 유명인의 사생활 노출

MP3 2-21

Should the private lives of celebrities be revealed?

연예인들의 사생활은 노출되어야 할까?

MINDSET 답변에 임하는 자세 갖추기

유명인, 특히 연예인들은 많은 청소년들에게 동경의 대상이다. 그들이 입는 옷, 신발, 액세서리, 머리 스타일 등 모든 것이 대중들에게는 관심의 대상이 된다. 인터넷을 켜면 거의 실시간으로 연예인들의 모든 생활이 낱낱이 우리에게 전달되고 있는 현실이 어느새 당연하게 여겨지는 것 같다. 하지만 자신의 사생활이 공개되고 있음을 아는 연예인들은 이 현실이 마냥 즐겁지만은 않을 것이다. 연예인들이 악성 루머에 시달려 자살하는 안타까운 사건들도 줄을 잇고 있다. 과연 연예인들의 사생활은 노출되어도 좋은 것일까?

QUESTION 질문 유형

- Do you think that people have a right to know the private lives of celebrities?
  사람들이 연예인의 사생활을 알 권리가 있다고 생각하십니까?

- What are the problems of exposure to celebrities' private lives?
  연예인 사생활 노출의 문제점은 무엇입니까?

- Are you in favor of protecting the privacy of celebrities?
  연예인 사생활 보호에 찬성하십니까?

Step 1 **Brainstorming** _ 주제와 관련 있는 키워드 연상하기

연예인 사생활	일거수일투족 one's every move 대중의 관심을 피하지 못하다 inevitablity of public attention 관심의 초점이 되다 be the center of attention, be in the spotlight
사생활 노출의 필요성	알 권리가 있다 have a right to know, be entitled to know 행동에 책임을 지다 be responsible for one's own actions 사회적 영향 social influence 대중에게 정보를 주다 keep the public informed
사생활 노출의 문제점	거짓 소문 false rumor 루머의 희생자 victim of rumors 사생활을 침해하다 invade privacy 깊은 상처를 입다 feel deeply wounded ~의 삶을 존중하다 respect someone's lives

Step 2 **Pattern** _ 어떤 공식으로 말할지 결정하기

찬반 공식

유명인의 사생활 노출에 대한 입장이 찬성인지 반대인지, 그렇다면 그 이유가 무엇인지를 말하는 찬반토론 공식의 말하기가 가능하다. 찬성한다면 사생활 노출의 필요성에 대해, 반대한다면 그것이 가져올 문제점에 대해 말할 수 있겠다.

Step 3 **Point** _ 강조하고 싶은 핵심 포인트 정리하기

유명인의 사생활 노출에 대해 찬성과 반대의 입장에서 각각 의견을 정리해본다.

	Pros 찬성	**Cons 반대**
Main Point 1	직업의 특성상 불가피 inevitable for entertainers	인권에 위배 against human rights
Support	부연설명 대중의 관심으로 사는 직업이므로 대중의 알고 싶은 욕구를 무시할 수 없다	부연설명 + 객관적 근거(설문조사 결과) 연예인도 자신의 삶을 즐길 권리가 있다
Main Point 2	공인으로서의 책임감 필요 should feel responsible for their behavior	마음의 상처가 됨 is hurtful
Support	부연설명(사회현상) + 자신의 예(견해) 대중들에게 영향을 주는 입장이니 올바른 행동을 해야 한다	주변의 예 + 객관적 근거(뉴스) 루머에 시달리던 연예인들의 자살 사건

Step 4 Outline _ 핵심 포인트에 살을 붙여 스크립트 완성하기

Pros 찬성

서론

I think the private lives of celebrities should be revealed.
저는 연예인들의 사생활은 알려져야 된다고 생각합니다.

본론

Main Point 1 직업의 특성상 불가피

To some extent, it's inevitable for entertainers to give up their private lives.
어느 정도 연예인들이 사생활을 포기하는 것은 피할 수 없습니다.

Support 부연설명

Whether they like it or not, they are people who make a living from the public's attention. Their incomes are generated by films, CDs, TV and so on. So the public is entitled to know what public figures are doing.
그들이 원하든 원치 않든 그들은 대중의 관심으로 먹고 사는 사람들입니다. 그들의 수입은 영화, 음반, TV 등에 의해 발생됩니다. 그러므로 대중들은 공인들이 하는 일들을 알 권리가 있습니다.

> **Tip** 연예인의 사생활 포기에 대한 합당성을 그들의 수입이 대중에게서 비롯된다는 것으로 설명하였다.

Main Point 2 공인으로서의 책임감 필요

Next, as a public figure, celebrities should feel responsible for their behavior at all times.
다음으로, 공인으로서 연예인들은 항상 그들의 행동에 책임감을 가져야 합니다.

Support 부연설명(사회현상) + 자신의 예(견해)

They have enormous influence on people's lives. For example, everything that they wear and talk about is in the spotlight. Especially, young people tend to recklessly believe in what they say. If their private lives are kept away from the public, it can make it possible for them to act differently from how they are seen on TV or the movie screen. As a social influence, if they know that they can't avoid the public's eyes at any time, it will motivate them to dress adequately and behave right.

그들은 사람들의 생활에 막대한 영향을 줍니다. 예를 들어 그들이 입는 옷, 그들이 하는 이야기 모든 것이 주목을 받습니다. 특히 젊은이들은 연예인이 무심코 한 말을 신봉하기도 합니다. 그들의 사생활이 대중들과 떨어져 있다면 TV나 영화 속에서 비춰지는 모습과 다르게 행동할 가능성이 있습니다. 사회에 영향을 주는 사람으로서 그들이 항상 대중의 눈을 피할 수 없다는 것을 안다면, 적절한 옷을 입고 바른 행동을 하도록 동기를 부여하게 될 것입니다.

Tip 책임감을 가져야 되는 이유에 대해 요즘 젊은이들의 행태를 들어 부연설명할 수 있다. 부연설명의 근거는 미디어에서 들은 내용이나 평소에 읽고 들었던 내용이다.

For these reasons I am in favor of exposing the private lives of celebrities.

이런 이유로 저는 연예인 사생활 노출에 찬성합니다.

VOCABULARY

private lives of celebrities 연예인의 사생활 | reveal 누설하다, 알리다 | to some extent 어느 정도는 | inevitable 피할 수 없는 | entertainer 연예인 | give up 포기하다 | make a living 생계를 꾸리다 | public's attention 대중의 관심 | income 수입 | generate 발생시키다 | be entitled to ~의 권리가 있다 | public figure 공인 | feel responsible for ~에 책임을 느끼다 | at all times 항상 | enormous 대단한 | spotlight 스포트라이트 | recklessly 아랑곳없이, 개의치 않고 | influence 영향을 미치다, 영향을 주는 사람 | adequately 적절하게

Cons 반대

서론

I believe that the privacy of celebrities should be protected for two reasons.
저는 연예인 사생활이 두 가지 이유에서 보호받아야 된다고 믿습니다.

본론

Main Point 1 인권에 위배

First, it's against human rights.
먼저, 인권에 위배되기 때문입니다.

Support 부연설명 + 객관적 근거(설문조사 결과)

Celebrities live limited lives due to people's close attention to their personal lives. In other words, they don't live a normal life like other ordinary people because every action they take such as having a date, eating out, and shopping is watched by the public. According to a recent survey done by Young Magazine, more than half of celebrities said that they had to give up their personal plans due to people's attention.

연예인들은 그들의 개인 생활에 대한 사람들의 세심한 관심 때문에 제약된 삶을 살고 있습니다. 다시 말하면, 일반인처럼 일상적인 생활을 할 수 없다는 것입니다. 데이트, 외식, 쇼핑과 같은 모든 행동들이 대중에 의해 감시되기 때문입니다. 영 매거진의 최근 설문조사에 따르면, 유명 인사들의 절반이 대중의 관심 때문에 개인적인 계획을 포기해야만 했다고 대답했습니다.

Tip 제약된 삶을 살고 있음을 부연설명하고 설문조사 내용으로 근거에 대해 객관성을 높였다.

Main Point 2 마음의 상처가 됨

Another problem is that revealing every detail about the lives of celebrities can hurt them.

또 다른 문제는 연예인들 생활의 세세한 부분까지 들춰내는 것이 그들에게 상처를 줄 수 있다는 것입니다.

Support 주변의 예 + 객관적 근거(뉴스)

There might be some personal stories that they want to keep to themselves but all the gossip and rumors spread so quickly and it becomes national news. Some of the rumors are not even true but they get blamed easily. Some of the celebrities committed suicide after suffering from rumors about them. We should understand that they are human beings who can make mistakes.

혼자 간직하고 싶은 개인사가 있음에도 모든 소문이 빠르게 퍼져 전국적으로 알려질 수 있습니다. 어떤 루머는 사실이 아님에도 쉽게 비난을 받기도 합니다. 몇몇 연예인은 자신들에 대한 루머에 시달리다 자살을 하기도 했습니다. 우리는 그들도 실수를 저지를 수 있는 인간임을 이해해야 합니다.

Tip 주변에서 실제로 일어났던 연예인 자살 사건을 언급함으로써 핵심 포인트를 뒷받침할 수 있다.

 From these two viewpoints, I think their privacy should be protected.

이런 두 가지 관점에서 사생활은 보호되어야 된다고 생각합니다.

VOCABULARY

protect 보호하다 | **human rights** 인권 | **limited** 제한된 | **normal** 평범한, 정상의 | **survey** 설문조사 | **due to** ~때문에 | **reveal** (비밀 등을) 드러내다 | **gossip** 소문 | **spread** (사람들 사이로) 퍼지다 | **blame** 비난하다 | **commit suicide** 자살하다 | **suffer from -ing** ~으로 고생하다 | **make a mistake** 실수하다 | **viewpoint** 관점

LET'S SPEAK!

이번엔 내가 주인공이 되어 영어로 말해보자.

■ 서론

■ 본론

■ 결론

DAY 22 대학 진학의 필요성

Do you think university is essential?
대학에 꼭 가야할까요?

MINDSET — 답변에 임하는 자세 갖추기

어느새 한국 사회에서 대학은 선택이 아닌 필수가 되어버린 것 같다. 중·고등학교의 연장선에서 당연히 거쳐야 할 인생의 관문이 되어 정작 대학을 왜 가야하는지 알지 못한 채 입시준비에 지쳐가는 학생들이 많다. 대학 등록금은 해마다 올라가는데 막상 졸업해도 취직은 하늘의 별따기가 되어버렸다. 그렇다고 대학 졸업장이 불필요한가? 입사원서에서 학벌 제한을 두는 것을 법적으로 금지하고 있으나 여전히 명문대학의 졸업생들을 선호하고 있는 것 또한 현실이다. 하지만 명문대 졸업생이 직장이나 사회에서 성공한다는 보장은 없다. 그럼 대학이란 과연 어떤 의미가 있는 것일까?

QUESTION — 질문 유형

- **Do you agree or disagree with the necessity of university entrance?**
  대학 진학의 필요성에 대해서 찬성인가요, 반대인가요?

- **What are the benefits of getting a university degree?**
  대학 학위를 받는 이점은 무엇입니까?

- **Do you believe that university degrees guarantee success in life?**
  대학학위가 인생의 성공을 보장해준다고 믿으십니까?

- **Why do you think that students are eager to enter great universities?**
  왜 학생들이 우수 대학에 들어가길 열망한다고 생각하십니까?

Step 1 **Brainstorming** _ 주제와 관련 있는 키워드 연상하기

대학 진학의 필요성	더 나은 기회를 제공하다 give better opportunities 더 높은 급료를 받다 get higher income 대학 졸업장을 요구하다 require a college degree 많은 경험을 하다 have a lot of experience 넓은 지식을 얻다 get broad knowledge 시야를 넓히다 open one's eyes wider
대학 진학의 문제점	등록금이 매우 비싸다 tuition fees are expensive, tuition fees cost a lot 인생의 성공을 보장하지 않는다 doesn't guarantee success in life 명문대만 중요하게 여기다 regard only a prestigious college as important 실무적인 경험이 대학 졸업장보다 더 중요하다 practical experience is more important than a college degree

Step 2 Pattern _ 어떤 공식으로 말할지 결정하기

찬반 공식

찬반 공식을 사용해서 대학 진학의 필요성에 대해 찬성인지 반대인지 입장을 밝히고 그 이유를 말할 수 있다. 대학 진학의 장단점 한두 가지를 핵심 포인트로 잡아 찬성 및 반대 입장을 말해보자.

Step 3 Point _ 강조하고 싶은 핵심 포인트 정리하기

대학 진학의 필요성에 대해 찬성과 반대의 입장에서 의견을 정리해본다.

	Pros 찬성	**Cons 반대**
Main Point 1	더 나은 취업의 기회 an inevitable choice to get a job	얻는 것에 비해 비싼 등록금 college tuition fee is too high a price ~
Support	주변의 예 + 객관적 근거(통계) 한국의 현실을 통해 대학이 더 나은 직장과 월급을 제공함을 설명	객관적 근거(미디어에서 얻은 정보) 실무경험이 있는 지원자를 선호하는 사회 현실
Main Point 2	다양한 경험이 가능 students have various experiences	성공을 보장하지 못함 doesn't guarantee success in life
Support	자신의 예(견해) 대학은 여러 가지 활동을 해 볼 수 있는 곳	객관적 근거(미디어에서 얻은 정보) 졸업장 없이 성공한 사람들의 실제 예

Step 4 **Outline** _ 핵심 포인트에 살을 붙여 스크립트 완성하기

Pros 찬성

서론
My opinion is that entering university is necessary.
제 견해는 대학 진학이 필요하다는 것입니다.

본론

Main Point 1 더 나은 취업의 기회

In Korea, going to college is an inevitable choice to get a job.
한국에서 대학 진학은 직장을 얻기 위해 피할 수 없는 선택입니다.

Support 주변의 예 + 객관적 근거(통계)

We should consider the distinct characteristics of Korea. 80% of high school students decide to enter university. Do you know why? Because if someone doesn't graduate from university, that means they can't get a decent job and will get a lower salary compared to college graduates. In reality, we are judged by whether we graduated from university or not and even which school we graduated from. This is a serious problem in this society but it is hard to change at the moment. So university degrees are essential to earn higher incomes and have better career choices.

한국의 분명한 특성을 고려해야 합니다. 한국 고등학생의 80퍼센트는 대학 진학을 결심합니다. 왜일까요? 대학을 졸업하지 못하면 괜찮은 직장을 얻을 수 없고 졸업생에 비해서 낮은 월급을 받기 때문입니다. 현실에서 우리는 대학을 나왔는지 아닌지 혹은 어떤 학교를 졸업했는지로 평가됩니다. 이것은 이 사회의 중요한 문제이지만 현시점에서 바꾸기란 어렵습니다. 그래서 대학 학위는 더 높은 임금과 더 나은 직업 선택을 위해 꼭 필요합니다.

Tip 통계와 주변에서 보거나 들은 이야기를 통해 대학 진학이 필수라는 의견을 뒷받침한다.

Main Point 2 다양한 경험이 가능

The other reason is that students have various experiences.
다른 이유는 학생들이 다양한 경험을 할 수 있다는 것입니다.

Support 자신의 예(견해)

If high school is a lake, university is like an ocean. University is a place where you can try different things. You can acquire more systematic and in-depth knowledge related your major before you jump into the real world. Besides, you can develop yourself by putting yourself into so many opportunities. Club activities and connections with friends and professors will open our eyes wider. Not like in middle school or high school, where you have self-directed experiences. College experiences can tell us what we want to do in life and what direction we can go.

고등학교가 호수와 같다면 대학은 바다와 같습니다. 대학은 다른 것들은 시도해볼 수 있는 장소입니다. 진짜 세상에 뛰어들기 전에 전공과 관련된 보다 체계적이고 심도 있는 지식을 습득할 수 있습니다. 게다가 많은 기회에 접함으로써 자신을 개발할 수 있습니다. 동아리 활동과 친구들, 교수님들과의 관계를 통해서 시야를 넓힐 수 있습니다. 중학교나 고등학교 때와는 다르게 자기주도적인 경험을 쌓을 수 있습니다. 이러한 경험들이 인생에서 뭘 원하는지 어떤 방향으로 나아가고 싶은지를 알려줍니다.

Tip 대학 생활을 통해 접할 수 있는 다양한 경험에 대해 구체적으로 설명한다.

결론

With those reasons I think entering university is necessary and students can benefit from university life.
이런 이유로 저는 대학 진학이 필요하며 학생들도 대학생활로 혜택을 볼 수 있다고 생각합니다.

VOCABULARY

enter 들어가다 | university 대학교 | necessary 필요한 | inevitable 피할 수 없는 | consider 고려하다 | distinct 구별되는 | graduate from ~를 졸업하다 | decent 괜찮은, 제대로 된 | compared to ~와 비교하면 | essential 필수적인, 근본적인 | career 직업 | various 다양한 | systematic 체계적인 | in-depth 깊이 있는 | connection 연결 | self-directed 자기주도적인 | benefit from ~로부터 혜택을 얻다

3. 사회적 이슈에 대한 내 의견 말하기

Cons 반대

서론

I disagree with the necessity of university.
대학의 필요성에 대해 반대합니다.

> **Tip** 찬성인지 반대인지 입장을 먼저 분명히 한다.

본론

Main Point 1 얻는 것에 비해 비싼 등록금

When it comes to the college tuition fee, it is too high a price for what students can get out of it.
대학 등록금을 보자면, 학생들이 대학으로부터 얻는 것에 비해 너무 비쌉니다.

Support 객관적 근거(미디어에서 얻은 정보)

In many business areas, technical and practical knowledge is required in terms of work efficiency. Nowadays, job interviewers look for applicants who have practical experiences. We can gain technical knowledge and practical experiences without entering university. Instead of spending so much money on college tuition fees, we can take specialized courses that are essential for our future work. By doing that, we can save our money and time.

많은 비즈니스 분야가 일의 효율성 측면에서 기술적이고 실용적인 지식을 필요로 합니다. 요즘 면접관들은 실무 경험이 있는 지원자들을 찾습니다. 기술적인 지식이나 실무적인 경험은 대학에 들어가지 않고도 얻을 수 있습니다. 대학 등록금에 그렇게 많은 돈을 내는 대신 미래 직업에 꼭 필요한 전문적인 과정을 밟을 수 있습니다. 그렇게 함으로써 돈과 시간을 절약할 수 있습니다.

> **Tip** 현재의 사회상황을 근거로 들면서 대학의 대안을 제시하였다.

Main Point 2 대학 학위가 성공을 보장하지 못함

Next, I don't believe that a university degree guarantees success in life.

다음으로, 저는 대학 졸업장이 인생의 성공을 보장한다고 믿지 않습니다.

Support 객관적 근거(미디어에서 얻은 정보)

The reason why people put a big emphasis on university degrees is that they want to take one step forward to success. However, there are so many successful people who don't have university degrees. Steve Jobs, co-founder of Apple Inc, and Bill Gates, the former CEO of Microsoft, dropped out of college but they became the most successful people in the world. On top of that, in Korea there is Chung Ju Yung, Hundai's founder. He only finished elementary school but became a renowned entrepreneur.

사람들이 대학 졸업장을 강조하는 것은 그들이 성공에 한발 더 다가가기 위해서입니다. 하지만 대학 졸업장이 없어도 성공한 많은 인물이 있습니다. 애플의 공동 창시자인 스티브 잡스, 마이크로소프트 사의 전 회장인 빌 게이트는 대학 중퇴자이지만 세계에서 가장 성공한 인물들입니다. 이에 덧붙여, 한국에는 현대 그룹의 창시자인 정주영 씨가 있습니다. 초등학교만 졸업했지만 저명한 기업가가 되었습니다.

Tip 대학 졸업장 없이 성공한 인물들을 구체적으로 제시함으로써 핵심 포인트를 뒷받침한다.

Therefore, I disagree that a university degree is necessary.

그러므로 저는 대학 졸업장이 필요하다는 것에 동의하지 않습니다.

VOCABULARY

tuition fee 수업료 | **practical** 실용적인, 실무적인 | **efficiency** 효율성 | **applicant** 지원자 | **specialized** 전문화된 | **essential** 필수적인, 근본의 | **university degree** 대학 학위 | **guarantee** 보장하다 | **take one step forward to** ~로 한 발짝 다가가다 | **co-founder** 공동 설립자 | **drop out of college** 대학을 중퇴하다 | **renowned** 유명한 | **entrepreneur** 기업가

Let's Speak!

이번엔 내가 주인공이 되어 영어로 말해보자.

■ 서론

■ 본론

■ 결론

DAY 23 인터넷 실명제

What do you think about the Internet real-name system?
인터넷 실명제에 대해 어떻게 생각하세요?

MINDSET 답변에 임하는 자세 갖추기

인터넷이 없는 생활을 하루라도 상상하는 것은 쉽지 않다. 일, 공부, 쇼핑, 뉴스, 정보수집 등 거의 모든 일상생활이 인터넷을 통해 이루어진다. 이제는 컴퓨터를 넘어 핸드폰으로도 버튼 하나만 누르면 손쉽게 인터넷의 세계로 들어갈 수 있다. 인터넷은 분명 우리의 일상을 놀라울 만큼 빠르고 편리하게 바꿔주었다. 하지만 인터넷의 장점 못지않게 그 폐해도 간과해서는 안 된다. 익명성이 보장되는 인터넷의 특성을 악용한 사이버 범죄나 악성 댓글 등이 그 대표적인 예이다. 그뿐인가. 과다한 인터넷 사용은 인터넷 중독과 같은 문제를 유발하기도 한다. 우리의 생활과 밀접한 인터넷과 관련된 여러 가지 문제점에 대해 자신의 생각을 한번 정리해보자.

QUESTION 질문 유형

- **What are the harmful consequences of the Internet real-name system?**
  인터넷 실명제로 인한 문제점은 무엇일까요?

- **How can we solve the problem of malicious comments on the Internet?**
  인터넷에 악플 문제를 어떻게 해결할 수 있나요?

- **How can Internet addiction be solved?**
  인터넷 중독을 어떻게 해결할 수 있나요?

Step 1 Brainstorming _ 주제와 관련 있는 키워드 연상하기

인터넷 실명제	인터넷 실명제 internet real-name system 표현의 자유 freedom of speech 수집된 정보 collected data 특정 규정 specific regulation 주민등록번호를 수집하다 collect resident registration numbers 웹사이트에서 정보를 요구하다 information requested by websites
인터넷 중독	게임 중독자 game junkies[addicts] 인터넷 중독 치료 센터 Internet addiction therapy center ~에 중독되어 있는 hooked on. get hooked. be drawn to
악플	악성 댓글 offensive[malicious] comments 인터넷 폭력 cyber-bullying 익명성 anonymity 반사회적 행동 anti-social behavior 비방 slander ~로부터 사이버 위협을 당하다 experience cyber threats from
인터넷 보안 및 범죄	해킹 hacking 해커 hacker 피싱 phishing 사이버 범죄 cyber crime 인터넷 보안 cyber security 신분을 도용하다 steal someone else's identity 사이버 수사대 cyber terror response center 사이버 정보 보호법 cyber information protection law 대량 개인 정보 유출 massive leaks of personal information

Step 2 | **Pattern** _ 어떤 공식으로 말할지 결정하기

찬반 공식 / 문제해결 공식

인터넷 실명제에 대해 찬반토론이 가능하다. 찬성 또는 반대의 입장에서 의견을 말할 수 있는데 개인적인 의견으로 끝내기보다는 논리적인 근거를 제시하는 데 신경을 쓰고, 입장을 정했으면 일관성 있게 말해야 한다. 인터넷 실명제에 따르는 부작용을 해결하기 위해서는 어떤 것이 필요한지에 초점을 맞춘다면 문제 해결 공식도 가능하다. 인터넷 실명제의 문제점과 해결방식을 핵심 포인트로 잡으면 된다. 뉴스, 신문 등을 참고하여 전문가들의 의견을 정리해둔다.

Step 3 | **Point** _ 강조하고 싶은 핵심 포인트 정리하기

인터넷 실명제에 대해 찬성과 반대의 입장에서 의견을 정리해본다.

	Pros 찬성	**Cons** 반대
Main Point	책임감 제고로 사이버 비방 방지 효과 prevent cyber bullying by raising responsibility	인터넷 보안이 강력하지 않아 사이버 범죄에 이용될 수 있다 online security is not safe
Support	자신의 예(견해) + 부연설명(사회현상) 연예인 자살 사건, 자신의 개인적인 의견 피력	부연설명(사회현상) + 주변의 예 유명 포털사이트 해킹 사건, 신상정보가 범죄에 이용된 사례

Pros 찬성

서론

I agree with the Internet real-name system.
저는 인터넷 실명제에 찬성합니다.

> **Tip** 우선 자신의 입장임을 명확히 밝히고 시작한다.

본론

Main Point 책임감으로 사이버 비방 방지

The reason why I'm all for the system is that it can prevent cyber bullying by raising responsibilities.
제가 전적으로 찬성하는 이유는 이 제도가 책임감을 제고하여 사이버 비방을 방지할 수 있기 때문입니다.

Support 자신의 예(견해) + 부연설명(사회현상)

When we post online comments we tend to use nicknames rather than real names. By doing so, we can easily write malicious comments to other people. We do it without knowing or caring about the devastating effects on other people. If real names are used on the Internet, we will become more responsible for what we say.
우리는 댓글을 달 때 실명보다는 익명을 사용하려고 합니다. 그렇게 하면 아무래도 다른 이에게 악플을 다는 일이 쉬울 수 있습니다. 자신이 타인에게 파괴적인 영향을 미칠 수 있다는 사실을 인지하지 못하거나 별 생각 없이 그런 일을 저지르게 됩니다. 만약 인터넷에서 실명을 사용하게 된다면, 우리는 우리가 말하는 것에 대해 좀 더 책임감을 가질 것입니다.

For example, many celebrities in Korea committed suicide because of cyber defamation.
예를 들어, 한국의 많은 유명인들이 사이버 비방으로 자살하였습니다.

> **Tip** 의견에는 뒷받침할 수 있는 충분한 예시와 근거가 필요하다

Using real names on the Internet enables others to identify us and what we post online. This makes us think twice before posting comments on the Internet. This process helps us organize our thoughts rather than write carelessly.
인터넷에서 실명을 사용하면 다른 사람들이 우리의 신원과 우리가 온라인에 올린 글들을 알 수 있습니다. 이는 우리가 인터넷에 코멘트를 달기 전에 한 번 더 생각해보게 합니다. 이런 과정은 우리가 무심코 글을 쓰는 대신 우리의 생각을 정리할 수 있도록 도와 줍니다.

> **Tip** 인터넷 실명제가 이뤄지지 않아 일어나는 우리 주변의 일반적인 현상을 먼저 설명하고 TV, 뉴스를 통해 피해를 본 구체적인 사건을 언급하여 자신의 주장을 효과적으로 뒷받침하고 있다.

결론

For this reason I think real names should be used on the Internet. Although it's being applied under limited conditions, its application should be gradually expanded.
이런 이유로, 저는 인터넷 상에서 실명을 사용해야 한다고 생각합니다. 비록 현재는 실명제가 제한된 조건하에 적용되고 있지만, 점진적으로 적용 범위를 확대해야 합니다.

> **Tip** 한 번 더 자신의 입장을 밝히고 앞으로의 방향에 대해서도 제안하면서 마무리한다.

VOCABULARY

Internet real-name system 인터넷 실명제 | the reason why 이유는 ~이다 | be all for ~에 전적으로 찬성하다 | prevent 방지하다 | cyber bullying 사이버 비방 | raising responsibility 책임감 제고 | post comments 댓글을 달다 | tend to ~하는 경향이 있다 | malicious comment 악플 | devastating effect 파괴적인 영향 | what we say 우리가 하는 말 | commit suicide 자살하다 | cyber defamation 사이버 비방 | identity 신원 | carelessly 무심코, 생각 없이 | apply 적용하다 | under limited conditions 제한적으로 | gradually expanded 점점 확대되다

Cons 반대

서론

I am against the Internet real-name system. This can expose me to hackers and other dangers of the Internet.
저는 인터넷 실명제에 반대합니다. 실명제가 저를 해커들과 다른 위험에 노출시킬 수 있기 때문입니다.

Tip 처음부터 자신의 핵심 포인트를 간단히 언급하고 이야기를 전개해 나간다.

본론

Main Point 인터넷 보안이 안전하지 않음

We do not have very secure online security systems yet. So the number of online criminal activities may increase.
인터넷 보안이 아직은 안전하지 않습니다. 그래서 온라인 범죄가 늘어날 소지가 있습니다.

Support 부연설명(사회현상) + 주변의 예

Online security systems are vulnerable. Criminals can easily access individuals' private data. They can collect the data by hacking and then use this information maliciously.
온라인 시스템의 보안이 취약하기 때문에 범죄자들이 개인 정보에 쉽게 접근할 수 있습니다. 범죄자들은 해킹을 통해 자료를 모으고 이러한 정보를 악의적으로 이용합니다.

There are many incidents that show how dangerous this "Internet real-name" system can be. For example, several years ago a company which is one of the largest Internet business portals in Korea was hacked. All their subscribers' private information was exposed. In certain cases, even the resident registration numbers and phone numbers were stolen. It was shocking news because this information could be used anywhere.
인터넷 실명제가 얼마나 위험한지를 보여주고 많은 사건들이 있습니다. 예를 들어, 몇 년 전 한국에서 가장 큰 인터넷 포털 사이트 중 하나가 해킹을 당한 일이 있었습니다. 모든 가입자들의 개인정보가 누출되었습니다. 실례로 주민등록번호, 전화번호가 도난당했습니다. 이러한 정보들은 어디서든지 도용될 수 있기 때문에 충격적인 뉴스였습니다.

Tip 실제로 일어난 사건을 예로 들어 자신의 주장을 설득력 있게 뒷받침한다.

I can give you another example. Criminals can blackmail individuals for money with the information they obtain through hacking. This is called "voice phishing." Criminals can make online purchases with the credit card information of their victims. This could happen to anyone in reality. And it happens quite frequently.

또 다른 예를 들어보겠습니다. 범죄자들은 해킹을 통해 얻은 정보로 사람들에게 돈을 요구하는 협박을 할 수 있습니다. '보이스 피싱' 말입니다. 또한 범죄자들은 다른 사람의 신용카드 정보를 통해 온라인에서 물건을 구매할 수 있습니다. 이러한 일들은 현실 속에서 누구에게나 일어날 수 있는 일입니다. 그리고 굉장히 빈번히 일어납니다.

Actually one of my friends received a voice phishing call and was duped. The caller knew so many things about her. She had no idea how he obtained all her information.

실제로 제 친구도 '보이스 피싱' 전화를 받고 속은 적이 있습니다. 전화한 사람이 그 친구에 대해 아주 많은 것을 알고 있었거든요. 그녀는 그 사람이 어디에서 그녀에 대한 모든 정보를 얻었는지 알지 못합니다.

결론

We do not have full knowledge or understanding of private information protection. Without firm security, the danger of the keeping real-name system is getting bigger and bigger.

우리들은 개인 정보 보안에 대해 완벽하게 알거나 이해하고 있지 못합니다. 철저한 보안 없이는 인터넷 실명제의 위험은 점점 더 커질 것입니다.

Tip 일반적인 이야기로 동감을 구하고 자신의 의견을 한 번 더 강조한다.

VOCABULARY

be against ~에 반대하다 | expose 노출시키다 | security system 보안 시스템 | criminal 범죄자 | vulnerable 취약한 | hack 해킹하다, 침입하다 | maliciously 악의적으로 | incident 사건, 사고 | subscriber 구독자 | obtain 얻다 | frequently 빈번하게 | voice phishing 보이스 피싱 사기 | dupe 속이다, 사기를 치다

LET'S SPEAK!

이번엔 내가 주인공이 되어 영어로 말해보자.

■ 서론

■ 본론

■ 결론

DAY 24 환경 문제

MP3 2-24

What can you do to make a greener planet?
환경보호를 위해 어떤 일을 할 수 있을까요?

MINDSET 대화에 임하는 자세 갖추기

과거에 비해 환경에 대한 인식이 한층 높아졌다. '아마존의 눈물,' '남극의 눈물' 등 환경을 소재로 한 다큐멘터리도 사람들의 많은 관심을 이끌어낸 바 있다. 환경 문제는 이제 먼 이웃나라의 이야기가 아니라 우리가 당면한 현실이다. 불과 수 년 전만 하더라도 돈을 주고 물을 사먹는 날이 올 거라고는 누구도 예상하지 못했다. 몇 년 후에는 우리나라가 물 부족 국가가 될 거라는 예측도 나오고 있다(*현재 물부족 국가라는 의견도 있지만 정확히는 OECD에서 34개 회원국 국토 대비 물 사용량이 많은 '물 스트레스가 가장 높은 국가'라고 평가). 우리는 일상생활에서 환경을 얼마나 생각하고 있을까? 사회적인 제도 마련 못지않게 환경보호를 위한 우리의 작은 실천이 중요한 만큼 어떤 노력이 필요한지 고민해보자.

QUESTION 질문 유형

- What can we do every day to protect the environment?
  환경을 보호하는 위해 우리가 매일 할 수 있는 방법이 무엇일까요?

- How interested are Koreans in environmental issues?
  한국인들은 환경 문제에 대해 얼마나 관심이 있습니까?

- What are the most effective ways to promote environmental issues?
  환경 문제를 제고시키는 가장 효과적인 방법은 무엇일까요?

Step 1 **Brainstorming** _ 주제와 관련 있는 키워드 떠올리기

환경문제 원인	온실 효과 green house effect 경제성장 economic growth 일회용품 disposable products
환경문제 피해	오존층 파괴 destruction of the ozone layer 지구 온난화 global warming 해수면 상승 rising sea level 급격한 기후 변화 extreme climatic change 멸종 위기의 종(種) endangered species, species on the verge of extinction
환경문제 해결책	온실가스 배출 감소 reduction in greenhouse gas emission 친환경 eco-friendly 에너지 절약 saving energy 대체 에너지 개발 development of renewable energy 태양 에너지 solar power 전기 자동차 electric cars 세계적 협력 international cooperation
환경 보호	지구의 날 Earth Day 자연보호 save nature 국제 환경 보호단체 그린피스 Green Peace 환경을 보호하다 go green 지속가능한 성장 sustainable development 밀레니엄 개발목표 Millennium Development Goals

Step 2 **Pattern** _ 어떤 공식으로 말할지 결정하기

원인-결과 공식 / 문제해결 공식

원인-결과 공식은 환경오염의 원인과 그로 인해 일어나는 결과 몇 가지를 핵심 포인트로 잡는 것이다. 그리고 문제해결 공식을 적용해서 환경오염의 문제점과 해결방법을 핵심 포인트로 잡을 수도 있다. 해결책은 뜬구름 잡거나 지나치게 포괄적인 이야기보다는 현실성이 있는 구체적인 제안이 필요하다. 인식을 전환시키고 손쉽게 실천할 수 있는 방법들을 제시하자. 여러 대답이 가능하겠지만 듣는 사람이 핵심을 찾기 쉽도록 범위를 한정하는 것이 좋다. 예컨대 학교에서 실천할 수 있는 환경보호 활동, 가정이나 회사에서 실천할 수 있는 활동 등으로 범주를 나누면 좀 더 쉽게 정리할 수 있다.

Step 3 **Point** _ 강조하고 싶은 핵심 포인트 정리하기

문제해결 공식을 이용해 환경오염의 심각성과 환경보호를 위한 해결책에 대해 의견을 정리해본다.

Main Point 1	환경오염에 대한 심각성 earth is suffering from pollution
Support	객관적 근거(미디어 정보) 온난화, 기후 변화 등
Transition	환경 보호의 필요성과 해결책 제시
Main Point 2	해결방안 1: 재활용 recycling
Support	객관적 근거(연구결과) 재활용으로 절약할 수 있는 전기의 양
Main Point 3	해결방안 2: 전기 절감 방법 saving electricity
Support	자신과 주변의 예 사용하지 않는 플러그를 뽑아 전기사용량을 감소시킴

Step 4 **Outline** _ 핵심 포인트에 살을 붙여 스크립트 완성하기

Main Point 1 환경오염에 대한 심각성

Our green planet, earth is suffering from pollution that threatens our lives.

우리의 푸른 행성 지구가 오염으로 고통 받고 있으며 우리의 생존까지 위협하고 있습니다.

Support 객관적 근거(미디어 정보)

Environmental pollution brought a global warming. Since the 1900s, sea level has risen due to the melting of arctic ice. Also, climate change leaves various species on the verge of extinction.

환경오염은 지구 온난화를 가져왔습니다. 1900년부터는 북극의 빙하가 녹고 있어 해수면이 상승하고 있습니다. 또한 기후변화는 많은 종들을 사라지게 합니다.

Transition 환경 보호의 필요성과 해결책 제시

From now on, we should take actions to save our environment. Many people think that it is difficult to make the earth greener. But that's not true. I'd like to suggest two easy methods. Recycling and saving electrical energy.

지금부터 우리는 환경을 보호하기 위한 실천을 해야 합니다. 많은 사람들은 우리가 지구를 더욱 푸르게 보호하는 것이 어렵다고 생각합니다. 그러나 이는 사실이 아닙니다. 저는 두 가지 간단한 방법들을 제안합니다. 바로 재활용과 전기에너지 절약입니다.

Main Point 2 해결방안 1: 재활용

It's easy to recycle usable waste such as, aluminum, glass, paper, and plastic.

알루미늄, 병, 종이, 플라스틱과 같은 사용할 수 있는 쓰레기를 재활용하는 것은 쉽습니다.

Support 객관적 근거(연구 결과)

Recycling is an excellent way of saving energy and improving the environment. According to scientific research, one recycled tin can save enough energy to power a television for three hours. And one recycled glass bottle can save enough energy to power a computer for 25 minutes.

재활용은 에너지를 절약하고 환경을 보호하는 가장 탁월한 방법입니다. 과학적인 연구에 의하면, 재활용된 캔 한 개면 3시간 동안 TV에 전원을 공급할 만큼의 에너지를 절약

할 수 있다고 합니다. 재활용된 병 하나가 25분 동안 컴퓨터에 전원을 공급할 정도의 에너지를 절약할 수 있습니다.

> **Tip** 과학적인 의견, 정확한 수치를 제시하며 주장을 강화하자.

Main Point 3 해결방안 2: 전기 절감 방법

Another simple thing we can do to save electricity is unplugging an appliance. And we can use 'smart plugs' that can be turned on and off.

우리가 전기를 절약하기 위해 할 수 있는 또 다른 간단한 방법은 전기기구의 플러그를 뽑는 것입니다. 그리고 전원을 켜고 끌 수 있는 스마트 플러그를 사용하는 것입니다.

Support 자신과 주변의 예

We can prevent 'wasted energy.' After our family started this from last year, we saved 70 Kwh, or 5,000 won on our monthly electricity bill.

'쓸데없이 새어나가는 에너지'를 잡을 수 있습니다. 저희 가족은 지난해부터 이것을 실천했는데, 이런 작은 실천을 생활화하여 매월 70 Kwh의 전기량을 줄이고 또한 매월 전기료 5천원을 절약할 수 있었습니다.

> **Tip** 환경보호는 거창하고 어려운 게 아니라 주변에서 쉽게 실천할 수 있는 것임을 자신이나 주변의 사례를 들어 설명하였다. 환경보호를 하는 것이 우리에게 어떤 혜택을 가져다주는지도 언급했다.

 결론

I personally think that protecting our environment should be a part of our daily lives. We need to think about how small changes in our daily routine can solve this huge problem. Small actions can make a big difference to the world.

개인적으로 환경보호가 일상생활의 한 부분이 되어야 한다고 생각합니다. 우리 일상의 조그만 실천이 이런 큰 문제를 해결할 수 있다고 생각해야 합니다. 작은 행동들이 세계에 큰 변화를 가지고 올 수 있습니다.

> **Tip** 해결책을 제시할 때는 듣는 사람의 참여를 유도하면서 마무리하는 것이 효과적이다.

VOCABULARY

green planet 푸른 행성 | suffer from 고통을 받다 | threaten 위협하다 | sea level 해수면 | climate change 기후 변화 | on the verge of extinction 멸종위기에 처한 | take action 행동을 취하다 | method 방법 | recycling 재활용 | electrical energy 전기 에너지 | usable waste 활용 가능한 쓰레기 | according to ~에 따르면 | scientific research 과학적 연구 | simple thing 쉬운 것 | save electricity 전기를 아끼다 | unplug 플러그를 뽑다 | turn on or off 켜거나 끄거나 | personally 개인적으로 | daily life 일상생활 | daily routine 평소에 하는 일

Let's Speak!

이번엔 내가 주인공이 되어 영어로 말해보자.

■ 서론

■ 본론

■ 결론

DAY 25 고령화 사회

What problems does an aging society face?
고령화 사회의 문제점은 무엇일까요?

MINDSET 대화에 임하는 자세 갖추기

의학의 힘으로 인간의 수명이 늘어나 특별한 사고가 없다면 이제 100세 이상까지 생존할 수 있다는 말이 나온다. 출산율은 해마다 감소하는데 인간의 수명은 점점 늘고 있어 사회가 점차 고령화되고 있는 추세이다. 그리고 이러한 고령화 추세는 한국이 가장 빠르다는 통계가 있다. 인간의 수명이 늘어나는 것은 고무적인 일이지만 사회가 고령화되면서 나타내는 문제점 또한 간과할 수는 없다. 2012년 현재 일을 할 수 있는 나이인 15세를 넘어선 5명 중 1명은 60세를 넘어섰으며, 노인들의 실업과 그에 따른 경제적인 어려움 등이 사회적인 문제로 대두되고 있다. 고령화가 왜 문제가 되는지, 과연 사회에 어떤 영향을 미치는지에 대해 한번 생각해보자.

QUESTION 질문 유형

- How can we solve problems of an aging society?
  고령화 사회의 문제점을 어떻게 해결해야 합니까?

- What are the problems of an aging society?
  고령화 사회의 문제점들은 무엇인가요?

- Why is aging society a problem?
  왜 고령화 사회가 문제인가요?

Step 1 Brainstorming _ 주제와 관련 있는 키워드 떠올리기

고령화 원인	고령화 사회 aging society 저출산 low birth rates 늘어난 수명 increased average life span[expectancy] 장수 longevity 의학 발전 medical development
고령화 문제	노인복지 welfare for seniors 사회 의료 서비스 social and healthcare service 노동인구의 감소 a decrease in the working population 부양의무의 과중한 부담 a heavy burden of supporting 가장 빠른 속도로 성장하다 grow at its fastest pace
해결책	출산장려 encouraging childbirth 노인 재교육 re-educating seniors 정년 연장 extension of retirement age 정책을 도입하다 introduce a policy

Step 2 **Pattern** _ 어떤 공식으로 말할지 결정하기

원인-결과 공식 / 문제해결 공식 / 서브토픽 공식

고령화가 발생되는 원인과 결과를 핵심 포인트로 잡거나, 고령화의 문제점과 해결책을 핵심 포인트로 잡을 수 있다. 또한 고령화 사회라는 주제의 세부 카테고리인 고령화 사회의 원인, 사회적 이슈로 부각되는 문제점과 그 해결책을 각각 핵심 포인트로 잡는 서브토픽 공식으로도 풀어갈 수 있다. 의학기술의 발전으로 노인인구가 증가하지만 출산율은 감소하여 사회가 고령화되고 있는 현상에 대한 의견을 정리해본다. 그리고 다른 나라의 사례나 통계 및 경험 등을 활용하여 자신의 주장을 강화해보자.

Step 3 **Point** _ 강조하고 싶은 핵심 포인트 정리하기

고령화 사회의 문제점에 대해 서브토픽 공식을 활용하여 의견을 정리해본다.

Main Point 1	젊은 인력의 부족으로 국가경쟁력 약화 prevents economic growth of a country
Support	객관적 근거(일본의 사례) 일본의 사례, 젊은 노동력 부족으로 생산성 저하 예상됨
Main Point 2	자립능력이 없는 노인들의 사회적인 문제 many seniors can't support themselves
Support	부연설명(사회 현상) 복지 부족, 늙은 부모 모시기 거부와 노인 자살

Step 4 | **Outline** _ 핵심 포인트에 살을 붙여 스크립트 완성하기

I try to read newspapers every day because I am very keen to social issues in Korea. Lately one problem caught my eyes: the "aging society" issue. As with other social issues, we should see this in a long-term perspective. Korean society is expected to become a so-called "aging society" by 2030. And this is a serious national problem.

한국의 사회 이슈에 대해 잘 알기 위해서 저는 매일 신문을 읽으려 노력합니다. 최근 제 눈을 사로잡은 이슈는 "고령화 사회"였습니다. 다른 사회 이슈처럼 우리는 이 문제를 장기적인 관점으로 바라봐야 합니다. 한국 사회는 2030년까지 점점 고령화 사회가 될 것으로 예측됩니다. 이는 심각한 국가적 문제입니다.

> **Tip** 고령화 사회 문제는 현재 큰 이슈이다. 자신이 항상 신문을 챙겨보고 다양한 사회적 문제의 심각성을 인지하고 있다는 사실을 슬쩍 어필해보자.

Main Point 1 젊은 인력의 부족으로 국가 경쟁력 약화

First of all, we will face the lack of a young workforce, which will reduce national competitiveness. This prevents economic growth of a country.

우선, 젊은 노동인력이 부족해질 것입니다. 그리고 이는 국가 경쟁력을 떨어뜨리게 될 것입니다. 이것은 국가의 경제 성장을 저해하는 것입니다.

Support 객관적 근거(일본의 사례)

For example, Japan faced an aging society crisis at the end of the 1990's. Since then, Japan has been through many difficulties and Korea is facing the same problems. There will be a lack of work force for companies and this will decrease productivity. If we face such a crisis, the economy would become unstable, and cause many national crises.

한 예로 일본은 1990년대 말에 고령화 사회에 직면했습니다. 그때부터 일본은 많은 어려움을 겪었고 한국도 같은 문제를 마주하고 있습니다. 회사의 인력 부족은 생산성 저하로 이어질 것입니다. 우리가 이런 문제와 직면한다면, 경제는 불안정해지고 국가 위기까지 겪을 수 있습니다.

Main Point 2 자립능력이 없는 노인들의 사회적인 문제

Secondly, many seniors can't support themselves, and they don't have the preparation to handle their finances after retirement.

둘째로, 스스로 자립할 능력이 없는 노인들이 많으며, 그들은 은퇴 후 자금을 마련할 만한 준비가 되어있지 않습니다.

Support 부연설명(사회 현상)

We don't have sufficient government policies and support for this issue. Our public pension and insurance programs are fragile and the demands on welfare for elderly people are getting bigger and bigger. Lately we can see in many articles that some families refuse to take responsibility for their elderly parents. Also a growing number of senior citizens have reportedly committed suicide due to the stress and difficulty of supporting themselves.

이 문제에 대해서 우리의 정부정책과 지원이 부족합니다. 우리의 공공연금과 보험 시스템은 매우 취약하고 노인 복지에 대한 요구는 점점 늘어만 가고 있습니다. 최근 나이든 부모를 모시는 것을 거부하는 가정에 대한 기사를 많이 볼 수 있습니다. 또한 많은 노인들이 스트레스와 자립 문제로 자살을 선택하고 있습니다.

Tip 사회적으로 일어나고 있는 다양한 문제들을 언급해준다. 각 문제들을 핵심 포인트로 잡아서 구체적으로 언급할 수도 있다.

결론

We might think an aging society won't affect us. But from now on it's time for us to prepare for it seriously.

우리는 고령화 사회의 영향이 우리에게 오지 않을 것이라고 생각할 수도 있습니다. 하지만 지금부터 이러한 심각한 문제에 대해 대책을 마련해야 합니다.

VOCABULARY

catch one's eyes 눈길을 끌다 | Korean society 한국 사회 | be expected to ~할 것으로 예상되다 | so-called 소위 | aging society 고령화 사회 | first of all 첫째로 | workforce 직원 | face 직면하다 | national competitiveness 국가 경쟁력 | unstable 불안정한 | finance 재정 | retirement 은퇴 | public pension 공공연금 | insurance 보험 | fragile 깨지기 쉬운 | refuse to 거절하다 | take responsibility 책임을 지다 | senior citizen 노인 | reportedly 전하는 바에 따르면 | commit suicide 자살을 시도하다 | affect 영향을 미치다 | from now on 지금부터

LET'S SPEAK!

이번엔 내가 주인공이 되어 영어로 말해보자.

■ 서론

■ 본론

■ 결론

DAY 26 명품 선호

What do you think about the problems with Koreans' excessive brand-consciousness?

한국인의 지나친 명품 선호 문제에 대해 어떻게 생각하나요?

MINDSET | 대화에 임하는 자세 갖추기

신문, 방송 등에서 우리의 지나친 명품 선호에 대한 기사나 뉴스를 많이 접할 수 있다. 이로 인한 부작용도 자주 언급된다. 안타깝게도 겉치레, 겉모습에만 신경 쓰는 삐뚤어진 과시욕이 우리의 현 주소이다. 명품 시장은 매년 10% 이상 성장하고 있고 짝퉁도 덩달아 인기가 많다고 한다. 심지어는 고등학생들까지도 명품 선호 풍조에 물들어 특정 브랜드의 점퍼를 입고 다녀야 왕따를 면할 수 있다고 한다. 한국이 명품 공화국이 되고 있는 원인이 무엇이며 이런 소비가 어떤 사회적인 영향을 미칠 수 있는지 생각해 보자.

QUESTION | 질문 유형

- **Koreans are a big fan of imitation luxury items. Why?** 한국인들은 위조 명품에 열광합니다. 그 이유는 무엇일까요?

- **Why do you think that Koreans spend so much money on expensive items?** 왜 한국 사람들은 명품에 많은 돈을 허비할까요?

- **What do you think about the imitation brand-name market?** 위조 명품 시장에 대해 어떻게 생각하십니까?

Step 1 **Brainstorming** _ 주제와 관련 있는 키워드 떠올리기

명품 선호 원인	명품 선호 소비 경향 trading up 실속 위해 저렴한 상품 구매 경향 trading down 명품 brand-name product, designer brand 사치품 luxury brands, luxury items[goods] 과시욕 강한 사람 exhibitionist 사치품 브랜드만을 고집하는 brand-conscious 널리 유행하는 prevailing, wide spreading 경향 tendency, trend 여유가 있다 can afford
명품 선호 문제점	브랜드를 따지는 brand-conscious 깊은 애착, 집착 deep attachment 여유, 형편이 되다 afford 망설임 없이 without any hesitation 사고방식 mindset 짝퉁 fake, imitation, sham 낭비 extravagance
명품 선호 결과	물질주의 materialism 가계 부채 household debt 신용카드 credit card 수입을 넘어선 beyond one's income 신용불량자 credit delinquent, people with bad credit

Step 2 **Pattern** _ 어떤 공식으로 말할지 결정하기

원인-결과 공식

외국인들은 한국인들이 대부분 명품 혹은 명품과 다름없는 짝퉁을 들고 다니는 상황을 보면서 의아하게 생각하는 경우가 많다. 따라서 왜 우리가 명품 혹은 짝퉁에 열광하는지, 이러한 현상이 어떠한 사회적 문제를 야기하는지 등을 원인-결과 공식으로 정리해보자.

Step 3 **Point** _ 강조하고 싶은 핵심 포인트 정리하기

원인-결과 공식을 이용해 우리 사회의 지나친 명품 선호에 대한 이유와 그것이 가져올 결과에 대해 의견을 정리해본다.

Main Point 1	원인: 물질 만능주의 prevailing of materialism
Support	부연설명(사회 현상) 인간의 가치를 돈으로 판단하는 물질 만능주의 팽배
Main Point 2	결과: 과소비 유발 cause over consumption
Support	객관적 근거(미디어를 통한 사례) 가계 부채 증가, 청소년들의 과소비

Step 4 Outline _ 핵심 포인트에 살을 붙여 스크립트 완성하기

서론

I think excessive preferences to luxury items can cause many problems in Korea.

저는 한국 사람들이 명품 브랜드에 집착하는 것이 많은 문제를 야기시킬 수 있다고 생각합니다.

Tip 일반적인 생각으로 말을 시작한다.

본론

Main Point 1 원인: 물질 만능주의

First of all, deep attachment to luxury goods shows that materialism prevails in Korea. People tend to judge too much by outer appearance, and they don't care about the inner beauty.

무엇보다도, 명품에 대한 심한 집착은 한국에 물질 만능주의가 만연하다는 것을 보여줍니다. 사람들은 외모로 평가합니다. 그리고 내면의 아름다움에 대해서는 신경 쓰지 않습니다.

Support 부연설명(사회 현상)

It is often said that "People shopping in a Korean department store should be well dressed, otherwise the sales clerks look down on us." The most important criteria in judging people has become how much money they have. It distorts the value of humans.

우리는 흔히 "백화점에 갈 때는 말끔하게 차려입고 가야 하고 그렇지 않으면 판매원들이 우리를 무시한다."고 말합니다. 사람을 판단하는 가장 중요한 기준은 우리가 얼마나 많은 돈을 가졌느냐가 되고 있습니다. 이는 인간의 가치를 왜곡합니다.

Tip 일반적인 사회풍조를 들어 설명하고 있다.

Main Point 2 결과: 과소비 유발

Next, brand-consciousness causes overconsumption.
다음으로, 명품을 고집하는 것은 과소비를 가져옵니다.

Support 객관적 근거(미디어를 통한 사례)

The news reports that household debts are increasing. Presently, people tend to spend more money on buying luxury goods than their income. According to the recent articles, some teenagers pay 500,000 won without any hesitation for a pair of jeans which they do not need.

뉴스에 의하면, 가계 부채가 증가하고 있다고 합니다. 최근에는 사람들이 자신의 소득을 넘어 명품을 사는 데 돈을 쓰는 경향이 있습니다. 최근 기사에 따르면, 몇몇 10대 청소년들은 필요하지도 않는 50만 원짜리 청바지를 망설임 없이 구입한다고 합니다.

> **Tip** 사회적 현상에 따른 문제점 제기이므로 뉴스 등을 사용하여 근거를 밝히는 것이 좋다. 여기서는 과소비의 실례를 들어주어 주장을 뒷받침하고 있다.

Luxury goods themselves are not a problem. The problem is an excessive brand-conscious mindset, which this results in materialism and overconsumption. Spending excessively on luxury-brand items beyond our income is a real problem.

명품 자체의 문제가 아닙니다. 문제점은 브랜드에 집착하는 마음이 물질만능주의와 과소비를 초래한다는 것입니다. 우리들이 소득을 초과하여 명품을 집착하여 소비하는 것이 진정한 문제점입니다.

> **Tip** 마지막에 당신의 주장을 한 번 더 명확하게 짚어준다.

VOCABULARY

excessive 지나친, 과도한 | preference 선호 | deep attachment 깊은 애착, 집착 | luxury goods 명품 | materialism 물질주의 | prevail 만연하다 | tend to ~하는 경향이 있다 | judge 판단하다 | outer appearance 외모, 차림새 | inner beauty 내면의 아름다움 | otherwise 그렇지 않으면 | clerk 점원 | look down on ~를 무시하다, 깔보다 | criteria 기준 | value 가치, 소중히 하다 | overconsumption 과소비 | report 보도하다 | household debt 가계 부채 | presently 현재, 지금 | a pair of jeans 청바지 한 벌 | without hesitation 망설임 없이 | brand-conscious 브랜드를 따지는 | mindset 사고방식 | result in 결과적으로 ~을 낳다 | beyond one's income 수입을 넘어선

3. 사회적 이슈에 대한 내 의견 말하기

Let's Speak!

이번엔 내가 주인공이 되어 영어로 말해보자.

■ 서론

■ 본론

■ 결론

DAY 27 저출산

What are the causes and effects of low birth rates in Korea?
한국에서 저출산율의 원인과 결과는 무엇인가요?

MINDSET 　답변에 임하는 자세 갖추기

최근 결혼한 부부들 사이에서 출산을 미루거나 기피하는 현상이 심화되고 있다. 우리나라의 출산율은 OECD 국가 중에서는 최하위 수준이다. 자녀를 낳아 기르는 것은 그동안 개인적인 영역으로 치부되어 왔으나 갈수록 심각하게 줄어드는 출산은 이제 개인의 문제가 아닌 사회의 문제가 되고 있다. 출산율 저하는 곧 노동력 감소와 경제 성장력 저하로 이어질 수 있다. 국가의 구성원인 국민이 줄어든다는 것은 곧 국가에 경제적, 사회적인 영향을 끼치며 그 국가의 생존 자체를 위협할 수 있는 심각한 사안이다. 출산율 감소의 이유는 무엇일까? 그리고 저출산이 우리의 미래에 어떤 영향을 주게 될까?

QUESTION 　질문 유형

- What do you think of the current: married couples do not want to have babies?
  아이를 가지지 않으려는 최근의 경향에 대해서 어떻게 생각하나요?

- What is the future effect of low birth rates?
  저출산율이 미래에 어떤 영향을 끼칠지 알려주세요.

- How can we solve low birth rates?
  저출산율을 해결할 방법은 무엇입니까?

Step 1 Brainstorming _ 주제와 관련 있는 키워드 연상하기

저출산 현상	양육 child support, educating a child 기혼자 married couple 신혼부부 newly-wed 저출산으로 고생하다 suffer from low birthrate
저출산의 원인	사교육비 private education costs 극심한 경쟁사회 society with extreme competition 맞벌이 증가 increase in double-income family 개인의 행복 추구 pursuit of individual happiness 삶의 질의 중요성 importance of a high quality of life
저출산의 문제점	인적자원 부족 lack of human resource 인구를 감소시키다 decrease population 경쟁력을 약화시키다 weaken competitiveness 노령화 사회 aging society 노령세대 older generation 연금 pension 의료/건강관리 healthcare
저출산 문제의 해결책	정부 차원의 지원 government-level support 보육시절을 확충하다 expand day-care facilities 양육비를 지원하다 assist child rearing expenses 출산 장려금 subsidizing childbirth 출산휴가를 보장하다 secure maternity and paternity leave

Step 2 | **Pattern** _ 어떤 공식으로 말할지 결정하기

원인-결과 공식 / 문제해결 공식 / 서브토픽 공식

저출산이 주제인 경우 원인-결과 공식을 이용하여 저출산의 원인과 이유, 그로 인해 발생하는 결과 및 문제점을 핵심 포인트로 이야기할 수 있다. 또한 저출산의 문제점과 출산율 저하를 해결하기 위해 무엇이 필요한지 제시해주는 문제 해결 공식도 적용 가능하다. 이밖에도 저출산에 관해 원인, 문제점, 해결책을 각각의 핵심 포인트로 잡는 서브토픽도 가능한데 짧은 말하기에서는 다소 길게 느껴질 수 있다.

Step 3 | **Point** _ 강조하고 싶은 핵심 포인트 정리하기

원인-결과 공식을 이용해 저출산율의 원인과 이유, 그 결과와 문제점에 대해 의견을 정리해본다.

Main Point 1	원인 1: 과도한 양육비 educating a child costs too much
Support	객관적 근거(뉴스를 통한 정보) 자녀를 대학까지 교육시키는 데 2억 이상의 비용이 든다.
Main Point 2	원인 2: 자신들의 삶을 즐기고 싶어 함 want to enjoy their own life
Support	부연설명(사회현상) 아이를 돌보는 대신 쇼핑이나 영화관에 가고 싶어 한다.
Main Point 3	결과 1: 한국 경쟁력 약화 weaken Korea's competitiveness
Support	부연설명 인적자원에 의존하는 한국의 경제는 경쟁력을 잃을 것
Main Point 4	결과 2: 노령화 사회가 될 will result in an aging society
Support	부연설명 소수의 젊은 세대가 다수의 노령인구를 부양해야 함

Step 4 Outline _ 핵심 포인트에 살을 붙여 스크립트 완성하기

서론

I personally think that not having a baby is not as bad as people thought of before. However, from a national view point, it can cause a serious problem. So I would like to take a look at the causes and effects of low birth rates.

아이를 가지지 않는 것에 대해 예전만큼 나쁘게 인식하지는 않습니다. 하지만 국가적 관점에서 보면 큰 문제일 수 있습니다. 그래서 저는 저출산의 원인과 결과에 대해서 살펴보고자 합니다.

본론

Main Point 1 원인 1: 과도한 양육비

The first reason for low birth rates is that educating a child costs too much in this country.

첫 번째 이유는 자녀를 양육하는 데 비용이 너무 많이 든다는 것입니다.

Support 객관적 근거(뉴스를 통한 정보)

According to the news, it costs more than 200 million won to support a child until college. That's why married couples do not want to have children or prefer to have only one at the most.

뉴스에 따르면 자녀를 대학까지 보내는 데 2억 이상이 든다고 합니다. 바로 이 때문에 기혼자들이 아이들을 가지려 하지 않거나 하나만 키우려고 하는 것 같습니다.

> **Tip** 뉴스를 인용해 교육비가 과도하게 든다는 자신의 주장에 대해 부연설명하고 있다.

Main Point 2 원인 2: 자신들의 삶을 즐기고 싶어함

The second reason is that married couples want to enjoy their own life rather than spending time worrying about their children. People have different values in life and they can choose their own lifestyle.

두 번째 이유는 결혼한 부부들이 아이들 때문에 걱정하며 시간을 보내기보다는 그들 자신의 삶을 즐기고 싶어 하기 때문입니다. 사람들은 서로 다른 삶의 가치관을 가지고 있고 그들만의 삶의 방식을 선택할 수 있습니다.

> **Tip** 주변 현상을 구체적으로 예를 들어준다.

Support 사회현상

For example, they would rather go shopping or go to the movies on weekends than take care of crying babies.
예를 들어 주말에 우는 아이들을 돌보는 것보다는 쇼핑을 가거나 영화를 보러가고 싶어 하는 것입니다.

Transition 화제 전환

Then what are the results? 그럼 결과는 무엇일까요?

Main Point 3 결과 1: 한국 경쟁력 약화

First, a low birth rate followed by the decrease in the population will weaken Korea's competitiveness.
첫째로, 저출산율은 인구감소를 가져와 한국의 경쟁력을 약화시킬 것입니다.

Support 부연설명

That's because Korea's economy considerably depends on human resources. As a result, Korea will lose its competitiveness in the international market.
그것은 한국 경제가 상당히 인적자원에 의존하기 때문입니다. 그 결과 한국은 국제적인 시장에서 경쟁력을 잃게 될 것입니다.

Main Point 4 결과 2: 노령화 사회가 됨

Secondly, it will result in an aging society.
둘째로, 저출산율은 노령화 사회를 가져올 것입니다.

VOCABULARY

not as bad as ~만큼 나쁘지 않은 | low birth rates 저출산율 | take a look at ~을 살펴보다 | rather than ~라기 보다 오히려 | spend time -ing ~하는 데 시간을 소비하다 | take care of ~를 돌보다, ~을 처리하다 | lead to ~로 이끌다 | decrease in ~에서의 감소 | competitiveness 경쟁력 | weaken 약화시키다 | considerably 상당히 | depend on ~에 의존하다 | aging society 고령화(가 진행 중인) 사회

Support 부연설명(미디어를 통한 정보)

People generally live longer than before. If the low birth rate lasts, the population will get older. That means that fewer young people have to support the older generations. As a result, pensions and healthcare costs will rise.

사람들은 일반적으로 예전보다 오래 살고 있습니다. 만약 저출산율이 지속된다면, 인구는 점점 나이가 들어갈 것입니다. 그것은 소수의 젊은 세대들이 노령인구를 부양해야 한다는 것을 의미합니다. 결과적으로, 연금이나 건강관리 비용이 높아지겠지요.

결론

I just presented two main causes and effects of the low birth rates, and I personally think that the government should try hard to come up with solutions.

저는 저출산율로 인해 초래될 두 가지 중요한 영향만 제시했습니다. 저는 정부가 해결책을 찾기 위해 노력해야 한다고 생각합니다.

VOCABULARY

as a result 결과로 | pension 연금 | come up with (해답 등)을 찾아내다

Step 3 +Plus
Point _ 강조하고 싶은 핵심 포인트 정리하기

문제해결 공식을 이용해 저출산율의 문제점과 해결책에 대해 의견을 정리해본다.

Main Point 1	문제점 1: 한국의 국가 경쟁력 약화 weaken Korea's competitiveness
Support	부연설명 인적자원에 의존하는 한국의 경제는 경쟁력을 잃을 것
Main Point 2	문제점 2: 노령화 사회 will result in an aging society
Support	부연설명 소수의 젊은 세대가 다수의 노령인구를 부양해야 함
Main Point 3	해결책: 양육비 지원과 공교육 제도 강화 subsidize child rearing expenses and strengthen the public education system
Support	객관적 근거(설문결과) + 자신의 예(견해) 경제적 부담이 큼, 둘째 셋째에 대한 전적인 지원, 사교육비 감소

3. 사회적 이슈에 대한 내 의견 말하기

Outline _ 핵심 포인트에 살을 붙여 스크립트 완성하기

서론

Korea's low birth rate is a social issue. Especially on a national level, I assume that it can lead to many problems in the future. Government should take action to encourage married couples to have children. I will talk about problems of low birth rates and suggest ways to increase it.

한국의 저출산율은 사회적인 문제입니다. 특히 국가적인 측면에서, 저는 이 문제가 미래에 많은 문제들을 야기할 수 있다고 생각합니다. 정부는 기혼자들이 아이를 가지도록 장려하는 조치를 취해야 합니다. 저는 저출산의 문제점과 출산율을 증가시킬 수 있는 방법을 제시하고자 합니다.

본론

Main Point 1 문제점 1: 한국의 국가 경쟁력 약화

First, low birth rates followed by a decrease in population will weaken Korea's competitiveness.

첫째로 저출산율은 인구감소를 가져와 한국의 경쟁력을 약화시킬 것입니다.

Support 부연설명

That's because Korea's economy considerably depends on human resources. In other words, the decrease in the population will lead to a lack of the human resources. As a result, Korea will lose its competitiveness in the international market.

그것은 한국 경제가 상당히 인적자원에 의존하기 때문입니다. 다시 말해, 인구 감소는 인적자원의 결핍을 가져올 것입니다. 그 결과 한국은 국제적인 시장에서 경쟁력을 잃게 될 것입니다.

Main Point 2 문제점 2: 노령화 사회

Secondly, it will result in an aging society.

둘째로, 저출산율은 노령화 사회를 가져올 것입니다.

Support 부연설명

People generally live longer than before. If the low birth rate continues, the population will get older. That means that fewer young people have to support the older generations. As a result, pensions and healthcare costs will rise high.

사람들은 일반적으로 예전보다 오래 살고 있습니다. 만약 저출산율이 지속된다면, 인구는 점점 나이가 들어갈 것입니다. 그것은 소수의 젊은 세대들이 대다수를 차지하는 노령 인구를 부양해야 한다는 것을 의미합니다. 결과적으로, 연금이나 건강관리 비용이 높아지겠지요.

Transition 화제 전환

Now I would like to move on to possible solutions.

그러면 가능한 해결책에 관한 내용으로 넘어가겠습니다.

> **Tip** 문제에서 결과로 전환한다는 것을 미리 알려준다.

Main Point 3 해결책: 양육비 지원과 공교육 제도 강화

I believe that the government should subsidize child rearing expenses and strengthen the public education system.

정부가 양육비를 보조하고 공교육 시스템을 강화해야 된다고 생각합니다.

VOCABULARY

on a national level 국가적인 측면에서 | lead to ~로 이끌다 | decrease in ~에서의 감소 | weaken 약화시키다 | competitiveness 경쟁력 | considerably 상당히 | depend on ~에 의존하다 | aging society 고령화(가 진행 중인) 사회 | as a result 결과로 | pension 연금 | solutions 해결책 | subsidize 보조하다 | child rearing expenses 양육비

Support 객관적 근거(설문결과) + 자신의 예(견해)

One of the reasons for low birth rates are excessive child education costs. Nine out of 10 people in Korea say the low birth rate is serious, but are reluctant to have children due to financial problems, according to a recent survey. To solve this problem, government should give full support for having a second or third child. Currently they give some benefits but not enough. On the other hand, the biggest part of the high education costs comes from private tutoring. If parents strongly believe in public education it will lower their financial burden and will encourage women to have more children.

저출산의 이유 중 하나는 과도한 자녀 교육비입니다. 보건부의 조사에 따르면 10명중 9명이 저출산의 문제는 심각하지만 경제적인 문제로 아이 갖기를 꺼린다고 말했습니다. 이 문제를 해결하기 위해서는 정부는 둘째나 셋째 아이에 대한 전적인 지원을 해야 됩니다. 지금 정부에서 혜택을 주고 있기는 하나 충분하지 못합니다. 반면에 대부분 높은 교육비는 사교육비에서 발생합니다. 부모들이 공교육에 대한 강한 믿음이 있다면 경제적인 부담을 줄일 것이며 여성들이 더 많은 아이를 갖도록 장려하게 될 것입니다.

Tip 문제점을 다시 한 번 들어주는 것은 해결책에 대한 당위성을 높이는 방법이 된다. 설문조사 결과를 덧붙여 주는 것이 공감을 더 이끌어낼 수 있다.

It is not easy to stop decreases in birth rates but if people recognize the seriousness of the problem and the government tries its best, I believe that at least we can stop dropping birth rate.

출산율을 증가시키는 것이 쉽지는 않지만 사람들이 문제의 심각성을 인식하고 정부가 최선을 다 한다면 최소한 출산율을 떨어뜨리는 것을 막을 수는 있다고 믿습니다.

VOCABULARY

excessive 과도한 | **financial** 재정의 | **benefits** 혜택 | **lower** 낮추다 | **burden** 부담, 짐 | **encourage** 격려하다 | **drop** 떨어지다

LET'S SPEAK!

이번엔 내가 주인공이 되어 영어로 말해보자.

■ 서론

■ 본론

■ 결론